AF357356

BIBLIOTHÈQUE
DES MERVEILLES

PUBLIÉE SOUS LA DIRECTION
DE M. ÉDOUARD CHARTON

HISTOIRE D'UN PONT

BIBLIOTHÈQUE DES MERVEILLES

HISTOIRE D'UN PONT

PAR

FÉLIX NARJOUX

OUVRAGE

ILLUSTRÉ DE 80 VIGNETTES PAR L'AUTEUR

PARIS

LIBRAIRIE HACHETTE ET Cⁱᵉ

79, BOULEVARD SAINT-GERMAIN, 79

1884

A MON FILS

INTRODUCTION

Les ponts ont pour but de supprimer les obstacles
que les rivières et les ravins opposent à la circulation.

Leur origine est donc aussi ancienne que celle de
ces obstacles, car, de tout temps, l'homme a cherché
le moyen de traverser les rivières d'une manière sûre
et permanente, c'est-à-dire sur un pont.

Il y a loin des ponts en câbles ou en lianes des
peuplades primitives à nos grands ponts modernes,
et c'est une étude instructive que de suivre, pas à
pas, les progrès du génie humain, depuis l'époque
où ces moyens naïfs étaient en usage, jusqu'à celle
où s'élevèrent les ponts superbes qui font l'ornement
de nos villes et qui, sans difficultés, franchissent sûrement les plus grands obstacles.

L'histoire d'une œuvre, quelle qu'elle soit, ne peut
se restreindre à celle de l'œuvre elle-même, elle serait
incomplète et peu intelligible, si elle n'embrassait,
en même temps, les causes qui ont déterminé sa con-
ception, et les circonstances qui ont précédé, accompagné ou suivi son exécution.

L'histoire d'un pont est, en même temps, celle de la ville et celle du pays où il est placé. C'est l'histoire de la civilisation, des perfectionnements, des besoins moraux et matériels qu'il était appelé à satisfaire. C'est l'expression des moyens, des procédés industriels dont disposaient ceux qui l'ont projeté et exécuté.

La structure de l'œuvre n'est qu'un des côtés de la question, sa raison d'être en est un autre.

Un pont est une œuvre plus complexe qu'elle ne le paraît et qu'on n'est disposé à le croire. Les circonstances qui ont amené sa création, la solidité que réclame sa construction, les conditions auxquelles il est assujetti imposent à ses formes une diversité qui étonne et qu'un peu d'attention fait bien vite reconnaître.

Nous avons dit quelque part (*Histoire d'une ferme*) que, bien des fois par jour, chacun de nous ouvrait ou fermait une porte, sans connaître et sans chercher à connaître le mécanisme d'une serrure. Tous, nous passons souvent sur un pont, sans connaître et sans chercher à connaître les détails de sa construction, les conditions de son existence.

HISTOIRE

D'UN PONT

I

PONTS ANCIENS

Le pont gaulois.

Un paysage calme et triste, une grande plaine que traverse une rivière à peine resserrée entre des rives basses et unies, des champs, des prairies peuplées de troupeaux, d'immenses forêts qui forment comme un cadre verdoyant autour de la plaine, et vont se perdre à l'horizon; près de la rivière, quelques habitations, et, attachées au rivage, des embarcations que balance le remous des eaux (fig. 1).

Partout, le silence et le repos; par instant seulement, un chien aboie, ou, dans un épais fourré, brame quelque cerf. Un vol de cigognes monte au ciel poursuivi par un aigle et, le long de la rive, appuyées sur une seule patte, des grues guettent mélancoliquement la proie que leur apporte le courant.

De grands coups de vent courbent la cime des hauts chênes enguirlandés de gui; et la rivière, sans trêve et sans relâche, se brise contre d'énormes blocs erratiques qui obstruent son cours. Bruits vagues, indistincts, qu'étouffe la solitude.

L'industrie de l'homme est encore muette, l'activité de l'esprit humain n'est pas encore éveillée.

Le soleil s'abaisse, illuminant de ses derniers feux le sommet des arbres et faisant scintiller la surface des eaux. Les troupeaux viennent à la rivière, s'y abreuvent à longs traits. Des barques s'approchent et déchargent leur butin. Sur les deux rives s'échangent des appels; les hommes chargés de gibier, les femmes courbées sous de lourds fardeaux, se prêtent une aide réciproque et se hâtent pour passer.

Le village s'anime, chaque habitant regagne sa demeure; les femmes préparent le repas du soir, les hommes débarrassent les bateaux et entassent les provisions.

Les maisons sont basses, percées d'étroites fenêtres; elles sont construites en pierres, couvertes en dalles légères; un tendelet protège la porte. Devant la plus importante d'entre elles, se tient un homme dont les yeux sont fixés sur le cours de la rivière.

Les eaux sont profondes, leur lit n'offre aucun gué; c'est une barrière difficile à franchir; elle isole les deux rives; et il a fallu que la nature vienne aider l'homme à surmonter les obstacles qu'elle même avait créés.

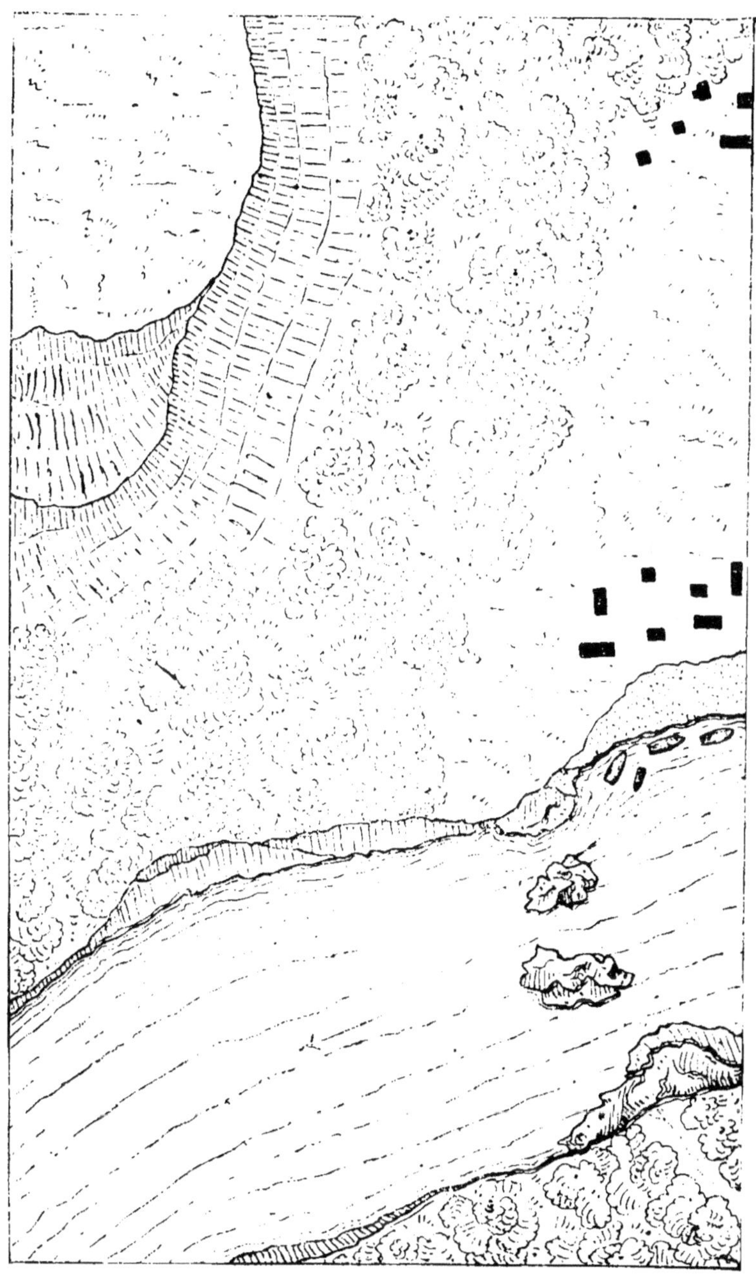

Fig. 1. — Le pays de Vaalzi sous les Gaulois.

Les blocs erratiques qui encombrent le lit de la rivière et rétrécissent son cours laissent entre eux d'étroits passages que les habitants de la contrée ont trouvé le moyen de franchir en les reliant avec des câbles faits de branches et de jeunes troncs d'arbres flexibles. En travers, ils ont posé des bâtons ou des planches étroites et ont ainsi formé des échelles primitives qui montent, descendent, ou s'étendent horizontalement d'un rocher à l'autre (fig. 2).

Ce n'est pas sans dangers que s'opère la traversée : les chutes sont fréquentes, et plus d'un, gêné par le fardeau qu'il portait, a trouvé la mort en tombant sur des rochers à fleur d'eau. Puis, les froids, les glaces de l'hiver enlèvent les échelles péniblement établies. Les crues de l'automne, celles du printemps, causent des dégats longs et difficiles à réparer, et, parfois pendant longtemps, les deux rives sont isolées et séparées l'une de l'autre.

A la chute du jour, le mouvement de va et vient augmente sur les échelles ; elles plient sous la charge, oscillent dans un sens ou dans l'autre, et c'est merveille de voir l'adresse que chacun déploie pour les traverser sans encombre.

Tel est le spectacle dont Naryx, le chef de la tribu, ne peut détacher ses regards. Une pensée l'occupe tout entier, le domine et, sur ses traits, se lit le travail de son esprit.

Naryx était le chef de cette petite tribu détachée des Burgondes et, depuis longtemps, installée sur les bords de la Vaatz. Les habitants vivaient de leur pêche et de leur chasse ; ils élevaient de beaux troupeaux dans les gras pâturages qui bordaient la rivière ; et, quelque périlleux que fût le passage installé pour relier les deux rives, ce moyen de communication offrait cependant de tels avantages qu'il était connu au loin, et attirait de ce côté tous ceux qui, pour un motif quelconque, avaient besoin de passer d'un bord à l'autre.

Le village s'était donc développé facilement. Il était en relations avec les villages voisins ; à certaines époques, de grandes assemblées s'y tenaient et des échanges importants s'y faisaient entre les produits qu'apportaient des barques venues de l'est et du midi.

Les hommes passaient le jour dans les forêts chassant le daim, le cerf, le loup ; ils laissaient aux femmes le soin des troupeaux qui paissaient dans les grandes prairies fertilisées par les inondations périodiques de la Vaatz.

Dans ces moments de crue rapide, lorsque les habitants avaient pu prévoir le danger, ils se retiraient sur les hauteurs ; mais protéger les troupeaux, les éloigner à temps, était plus long et plus difficile. Aussi, depuis nombre d'années, déjà, le village s'était divisé en deux parties : l'une restée au bord de la rivière, l'autre transportée sur la colline qui domine la plaine ; là se trouvaient les étables et habitaient les pasteurs. Le matin, on mettait les animaux en liberté, et, tout en broutant l'herbe ils marchaient en avant, atteignaient la rivière et s'y abreuvaient. Le gardien,

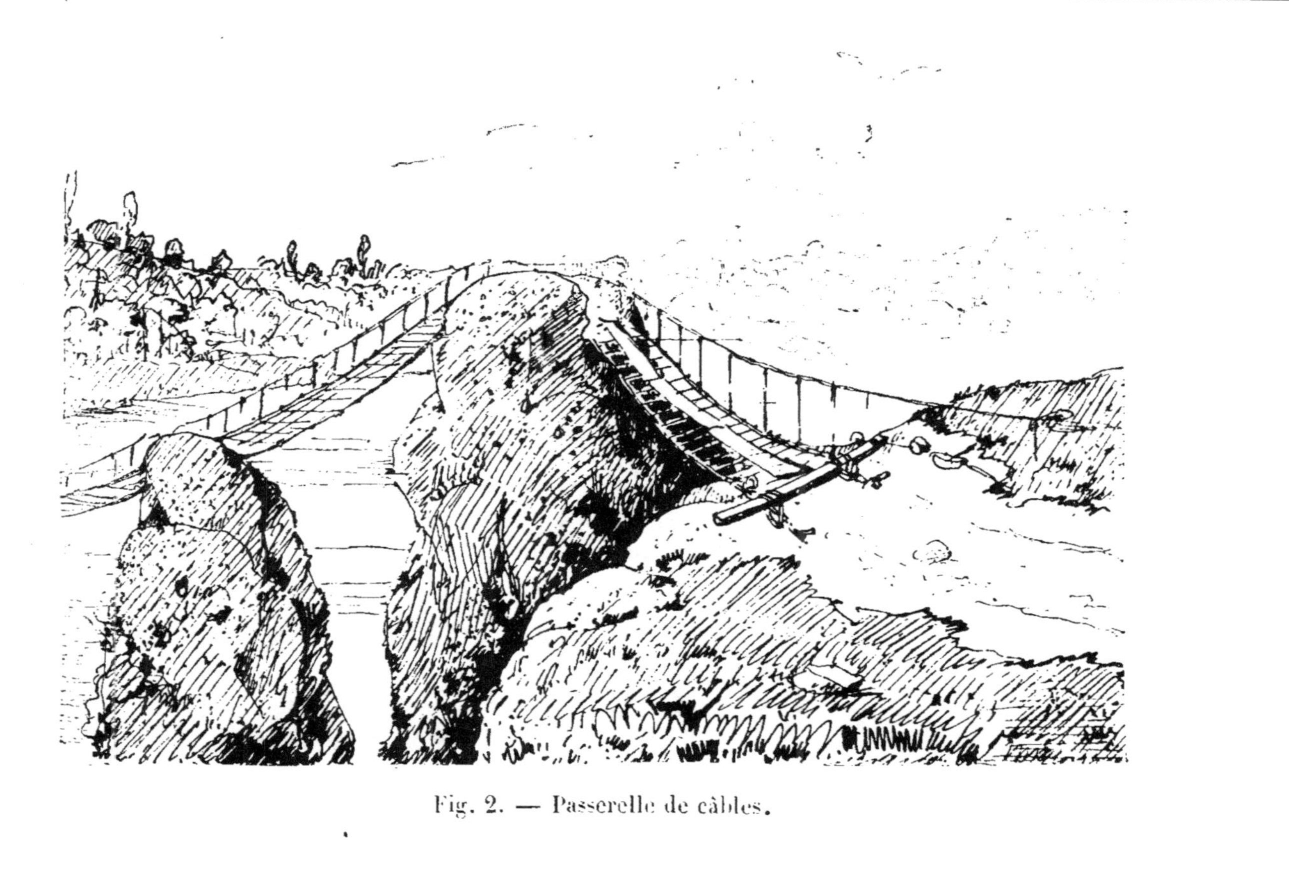

Fig. 2. — Passerelle de câbles.

alors, dirigeait leurs têtes dans l'autre sens ; ils refaisaient le chemin parcouru, rentraient à l'étable pendant les chaudes heures du jour et recommençaient l'après-midi la promenade du matin, sûrs de toujours retrouver la prairie, la rivière et l'abri qui les protégeait contre les bêtes fauves sorties des bois et qui, chaque nuit, venaient rôder aux portes.

Les habitants de Vaatzi étaient grands, forts et robustes, de mœurs paisibles. Cependant, plusieurs fois, mêlés aux rangs des Burgondes, ils avaient fait sentir aux Eduens, leurs inquiets voisins, que leurs bras étaient lourds et leurs haches tranchantes.

Naryx, leur chef, n'était pas toujours resté parmi eux : poussé par un esprit d'aventure et un vague désir de connaître, assez rare en ce temps, il avait successivement visité les peuplades voisines ; puis, étendant le cercle de ses pérégrinations, il était allé jusque chez les Helvètes, parcourant leurs montagnes, s'initiant à leur vie âpre et dure, si différente de l'existence facile des habitants des riches vallées de la Vaatz. Mêlé aux Arvernes, il avait combattu dans leurs rangs et s'était fait, parmi eux, un grand renom de force, d'adresse et de courage.

De ses voyages, de cette existence aventureuse, il avait rapporté des connaissances, des souvenirs qui le mettaient au-dessus de ses compagnons et lui attiraient de leur part estime et respect.

Depuis bien des mois, il se reposait à Vaatzi, attendant une circonstance favorable pour reprendre sa vie errante. Valha, sa dernière fille, était sa compagne et prenait soin de sa demeure. Quant à lui, il allait maintenant plus rarement à la chasse. On le voyait, pendant de longues heures, s'arrêter devant la rivière, regardant le fil du courant et suivant des yeux les eaux qui, lentement, régulièrement et sans relâche, se brisaient contre les rochers. Puis, il traversait la Vaatz, montait et descendait les échelles, s'arrêtait encore tout rêveur, et, enfin, rentrait au logis.

Le dernier hiver fut plus rude qu'à l'ordinaire, la Vaatz, entièrement gelée d'une rive à l'autre, fut, sous l'influence des premières effluves du printemps, brusquement soulevée. Les glaces, arrêtées par les rochers, s'amoncelèrent, formant une masse compacte, véritable catapulte, qui, sous l'effort du courant, brisa l'obstacle mis à son passage, enleva les échelles et découronna les rochers, détruisant ainsi, d'un seul coup, tout moyen de passer d'un bord à l'autre et toute espérance de pouvoir rétablir la communication indispensable aux habitants de Vaatzi.

Naryx ne partagea pas le désespoir de ses compagnons à l'aspect de ce désastre; seulement, à partir de ce moment, il devint encore plus songeur. On le vit de moins en moins se mêler aux travaux et aux plaisirs des habitants du village. Embarqué dans un canot, il enfonçait dans l'eau de longues perches en bois dur et cherchait à retrouver la trace des blocs de rochers entraînés par les glaces.

Le printemps revenu, le soleil fit reverdir les prés
et les bois, la rivière reprit son aspect calme et tranquille.

Un beau soir, quand, après avoir fait leur trajet
accoutumé, les troupeaux eurent regagné leurs étables,

Fig. 3. — La maison de Naryx.

au moment où les hommes, de retour de la chasse ou
de la pêche, rentraient au logis, Naryx les réunit
ayant, leur dit-il, une communication importante à
leur faire. Il s'assit au bord de l'eau près de sa demeure (fig. 3), Velha debout derrière lui ; à ses pieds,

on voyait un amas de bûches de diamètre et de dimensions égaux et régulièrement disposés.

Naryx est dans la force de l'âge; ses cheveux ramenés en avant, confondus avec sa barbe, cachent sa figure et lui donnent l'air sauvage et farouche. Une tunique en peau de daim couvre sa poitrine et le haut de ses jambes, laissant ses bras nus. Des lanières de cuir rattachées au-dessus des genoux retiennent à ses pieds des sandales grossières. D'énormes anneaux d'or ornent la naissance de ses bras et ses poignets.

Velha est vêtue d'une sorte de dalmatique en laine blanche, bouffant à la ceinture, rehaussée de broderies et d'ornements de couleurs; elle a de fins bracelets d'or fixés à ses chevilles et à ses poignets; l'étoffe de son vêtement, largement échancré au cou, dessine sa gorge. Ses longs cheveux, fixés sur son front par un cercle d'or, laissent tomber jusque sur ses hanches leurs boucles opulentes. Sa beauté attire tous les regards et les hommes sont plus occupés d'elle que du but de la réunion provoquée par leur chef.

« Je vous ai réunis, mes amis, dit Naryx quand ses compagnons eurent pris place, pour vous montrer le travail que j'ai exécuté pendant que vous m'accusiez de vivre solitaire et de m'éloigner de vous.

« Cet amas de bois que vous voyez là et qui vous paraît informe est cependant le modèle d'une construction, grâce à laquelle nous pourrons sûrement traverser la rivière à pieds secs et en toutes saisons. »

Les habitants de Vaatzi avaient devant eux un singulier amas de morceaux de bois ronds, de même longueur, bizarrement enchevêtrés les uns dans les autres et ayant l'apparence d'une ouverture large à sa base, étroite au sommet. Ils ne comprennent pas et se regardent l'un l'autre.

Naryx prend alors une série des bûchettes qu'il avait près de lui; il en place symétriquement un certain nombre les unes à côté des autres, et les recouvre d'un second rang croisant les premières. Il continue ainsi, en ayant soin que le rang supérieur dépassât toujours le rang inférieur (fig. 4). Il assujettit le tout au moyen de mousse, de liens d'osier; remplit les vides avec des cailloux et, pour terminer son œuvre, la couronne de bûches plus longues que les autres. Il explique ensuite que ce système de construction est très en faveur chez les Helvètes, qu'ils s'en servent avec succès pour construire des ponts, sur lesquels ils traversent les torrents de leurs montagnes.

Les auditeurs de Naryx ne paraissaient pas aussi convaincus que leur chef. Un d'eux objecte que les eaux auront bien vite entraîné ces bois. Naryx répond qu'en effet l'eau entraînerait facilement les bois si ceux-ci étaient disposés un à un à sa surface; mais que, réunis, rendus solidaires, ils opposeraient une résistance suffisante, que, du reste, il était facile d'en faire l'essai. Un autre prétendit que cet amas de bûches s'écroulerait au premier effort, et que la chose proposée par le chef était trop simple pour n'avoir pas encore été employée si elle avait paru praticable.

Naryx eut sur les lèvres un sourire triste et railleur, ce sourire de l'homme supérieur en lutte avec l'ignorance, ce sourire qu'ont tous les inventeurs, tous les hommes de progrès préoccupés de la solution de quelque grand problème social, et que l'ingratitude et le mépris récompensent le plus souvent de leurs efforts. Il regarda sans étonnement et sans colère ces gens qui l'entouraient, qui étaient ses amis, qui reconnaissaient son autorité, et que blessait l'idée qu'il pût être plus adroit et plus instruit qu'eux-mêmes. Naryx ignorait la science de gouverner les hommes, le moyen d'imposer ses idées et de les faire prévaloir. Il allait droit au but, sans précautions et sans hésitation.

Après s'être approché du modèle dont il venait d'expliquer l'utilité, il en fit le tour, replaça quelques bûches écartées, resserra deux ou trois liens et prenant la parole : « Mais, si je vous montre que mon arche de bois peut supporter le poids d'un homme, croiriez-vous qu'une arche semblable, dix, vingt fois plus grande, pourra supporter dix, vingt hommes? »

« Ton arche, Naryx, reprit l'interrupteur, ne pourrait seulement supporter le poids du pied de la belle Vellia. »

Naryx redressa sa haute taille ; d'un geste, il se fit faire place et, mettant son pied au milieu de l'arche, lui fit supporter tout le poids de son corps. Les bois se tassèrent, se rapprochèrent les uns des autres, on les entendit geindre, et on les vit plier sous l'énorme charge; mais l'ensemble ne se déforma pas, conserva

Fig. 4. — Une arche du pont de bois gaulois.

son homogénéité et soutint sans peine le poids de Naryx.

Celui-ci reprit sa place; un grand silence s'était fait; ses compagnons se regardaient et chacun voulut à son tour tenter l'expérience et placer son pied sur l'arche

La lumière se fit rapidement dans ces esprits naïfs, et bientôt tous, avec cette mobilité d'impressions qui était le fond du caractère gaulois et que nous avons si soigneusement conservée, devinrent les fervents adeptes de cette idée qu'ils avaient commencé par déclarer irréalisable.

Il fallait profiter de leurs bonnes dispositions, et Naryx leur expliqua en peu de mots comment ils devaient s'y prendre pour faire réussir leur entreprise.

On apercevait toujours, dans le lit de la rivière, les vestiges des rochers brisés par le choc des glaces. Ces rochers pouvaient servir de points d'appui solides pour recevoir les piles du nouveau pont.

La Vaatz mesure, sur la ligne de rochers qui ne s'étendent pas en ligne droite d'une rive à l'autre, cent brasses de largeur. En la traversant au moyen de dix arches ou travées, on pouvait donner à chaque intervalle 8 mètres de largeur et laisser aux piles une section de 3 mètres chacune. Ces dimensions étaient suffisantes pour assurer, d'une part, l'écoulement des eaux, de l'autre, la stabilité des piles. Les affouillements n'étaient pas à craindre puisque les fondations des piles s'appuyaient sur des rochers énormes, fixes et solides reposant au fond du lit de la rivière.

Cette condition qui devait donner au pont la stabilité nécessaire imposait une certaine irrégularité dans les dimensions des arches, irrégularité causée par la distance qui séparait les rochers les uns des autres. Il fallait donc augmenter la saillie de l'encorbellement de quelques rangs, exhausser la hauteur de quelques travées et les recouvrir d'un tablier en lignes brisées au lieu de laisser ce tablier parfaitement horizontal.

C'était une difficulté dans le travail, mais une solution favorable n'en était pas moins possible. Quant à l'aspect que ces irrégularités pouvaient donner au pont, les habitants de Vaatzi s'en préoccupaient peu : ils voulaient, avant tout, trouver le moyen de passer facilement et sans danger d'une rive à l'autre de la Vaatz, le reste les laissait indifférents.

Les roches rejetées par les eaux sur le rivage devaient être réunies. Les blocs d'un transport facile seraient réservés afin de former les culées ; les autres brisés pour remplir les interstices des piles et les rendre ainsi plus pleines et plus résistantes.

Il fallait, avant de commencer les travaux, faire de grands approvisionnements de bois, les choisir ronds, réguliers, et les couper d'égale longueur ; puis, se munir de tiges de jeunes arbres ou d'osier pour servir de liens.

Sans perdre de temps, les habitants de Vaatzi, se mettent à l'œuvre, et, pour commencer, se répandent dans la forêt afin d'abattre, de couper et de tailler des troncs de chênes de 3 à 4 mètres de longueur et de $0^m,12$ à $0^m,15$ d'équarrissage. Chaque soir, ils reviennent chargés outre mesure, et travaillent sans plaintes et sans relâche. Naryx fait soigneusement

mettre en ordre tous ces bois, les classant par échan-
tillons de longueur et de grosseur.

Chacun se hâte : il faut profiter des beaux jours et
des basses eaux. Une fois l'automne arrivé, on doit
s'attendre à voir les pluies amener une crue de la
rivière, et le pont, étant inachevé, se défendrait mal
contre la violence des eaux. Ses différentes parties,
sans cohésion, sans lien entre elles, se disjoindraient
et seraient emportées par le courant.

Naryx dirige les travailleurs; il se met à l'œuvre
dès que les approvisionnements de bois lui paraissent
assez avancés et dès qu'il pense pouvoir occuper avec
lui une partie des hommes devenus inutiles dans la
forêt.

Les chaleurs de l'été ont amené une baisse considérable dans la hauteur des eaux; les têtes des
rochers restent apparentes. On trouve ainsi toutes
faites de solides fondations et on peut placer, à sec,
les premiers rangs de bois en les calant avec des
blocs de pierre. A deux reprises, des pluies d'orage
enflent les eaux de la Vaatz et gênent les ouvriers.
De grandes quantités de bois sont enlevées, entraînées
au loin et perdues; mais enfin, après bien des
fatigues, après un travail opiniâtre et des appréhen-
sions que le succès fait vite oublier, le pont de la
Vaatz est achevé, et on peut voir, entre le ciel et
l'eau, la silhouette de ses arches et de ses énormes
piles appuyées sur les rochers restés debout et con-
solidées par eux (fig. 4).

C'était là une œuvre primitive et grossière; elle

n'en excita pas moins une vive admiration chez ceux qui l'avaient créée.

L'établissement de ce pont, tout informe qu'il fût, exerça une grande influence sur les destinées des divers pays qu'il mettait en communication.

On vit d'abord une grande ère de prospérité : tous les voyageurs qui, de l'intérieur de la Gaule, se dirigeaient vers les Alpes pennines, l'Helvétie ou la Ligurie, passèrent désormais par Vaatzi et traversèrent son pont, évitant ainsi des gués dangereux ou des bateaux lents ou incommodes. Ce contact avec les étrangers amena le développement des relations, augmenta l'importance des échanges, en modifia la nature, faisant naître des habitudes, des goûts et des besoins nouveaux.

Vint ensuite une ère troublée : les habitants de Vaatzi, non contents des bénéfices que leur faisait réaliser le passage de nombreux étrangers, voulurent imposer une taxe au droit de passage, pour se dédommager de leurs peines, obligés qu'ils étaient, dirent-ils, de réparer le pont et de l'entretenir en bon état. De là, des rixes, des combats, dans lesquels ils n'eurent pas toujours le dessus.

Mais la prospérité du pays avait augmenté; les habitants avaient appris à se défendre, à imposer leurs volontés; et leur réputation d'habiles constructeurs s'était répandue au loin. Il y avait là de sérieuses compensations aux difficultés passagères que faisaient parfois naître une complication imprévue.

Bien des années se passèrent ainsi. Naryx, parti pour une expédition contre les Eduens, n'était pas revenu, mais le souvenir de son nom s'était conservé dans la tribu.

Une nouvelle transformation se préparait. Aux paisibles voyageurs cherchant à échanger leurs marchandises, avaient, depuis quelque temps, succédé des bandes armées de plus en plus nombreuses. Elles allaient et venaient, formées de guerriers fiers et audacieux au départ, tristes et découragés au retour. Ils faisaient d'étranges récits de combats engagés avec des guerriers venus d'au delà des monts et qui, aussi nombreux que les étoiles au ciel, voulaient conquérir les Gaules.

Chaque jour, les bandes passaient, plus rapides et plus effarées, apportant des nouvelles plus mauvaises et plus inquiétantes.

Les habitants de Vaatzi se retiraient alors dans leurs demeures embellies, enrichies avec tant de soin; ils discutaient le parti à prendre et, sans crainte, sans effroi, se préoccupaient des moyens de défense. L'idée de détruire leur pont fut longuement discutée et bientôt mise à exécution. C'était un moyen extrême dont le succès leur paraissait assuré. En attendant, ils se rapprochèrent des tribus voisines, leurs alliées, et obtinrent l'assurance de trouver près d'elles l'aide et le refuge dont ils prévoyaient avoir bientôt besoin.

II

Les ponts de bois des Romains.

Un matin, parut, sur la rive gauche de la Vaatz, une petite troupe de cavaliers ; leurs mouvements étaient nobles et fiers, leurs chevaux magnifiques, leurs armures étincelaient au soleil. Ils s'approchèrent de la rivière, interrogeant le cours de l'eau ; mais elle était, à cet endroit, si calme et si tranquille, qu'ils ne purent deviner dans quel sens elle coulait. Celui des cavaliers qui marchaient en tête, impatient de sa longue hésitation, pousse son cheval à l'eau et y jette un fétu de paille. Le fétu tourne d'abord sur lui-même, puis lentement, lentement, se met à descendre le courant. Le guerrier, levant alors le bras, montra l'horizon à ceux qui l'accompagnaient, et tous se disposèrent à s'éloigner ; mais, au même moment, ils aperçurent, à quelques pas, des jeunes filles de Vaatzi qui, en les voyant, s'étaient cachées dans les roseaux du rivage. Ils voulurent s'approcher d'elles ; les jeunes filles, se jetant à la nage, traversèrent la rivière et allèrent porter l'alarme.

Le jour même, les habitants de Vaatzi, enlevant de

leurs demeures les objets les plus précieux, se retiraient dans les forêts, afin de soulever les tribus voisines pour se réunir à elles et commencer la guerre de l'indépendance contre les envahisseurs du sol de leur patrie.

Jules César, qui avait voulu reconnaître lui-même le cours de la Vaatz, s'était rejeté sur son corps d'armée et, peu après, pénétrait dans l'intérieur de la Gaule en passant sur le pont de Naryx que ses soldats avaient promptement réparé.

L'œuvre des Gaulois parut bien brutale et bien grossière aux Romains qui, eux, étaient de si habiles charpentiers et qui savaient avec le bois obtenir d'ingénieuses combinaisons solides et durables.

Le pont Gaulois, mal entretenu, disloqué par un long usage, miné par les eaux, n'était plus solide et, sauf la petite section comprise entre la grande roche et le rivage, menaçait ruine depuis longtemps ; aussi les gens de Vaatzi n'avaient-ils pas eu grand peine à détruire les arches dont la suppression devait suffire, croyaient-ils, à arrêter les armées Romaines.

Quand la première légion Romaine parut devant Vaatzi, son chef reconnut vite le parti qu'il pouvait tirer de l'œuvre des Gaulois, tout en constatant qu'elle devait être modifiée et réparée.

Les Romains conservèrent seulement les trois arches de la rive droite, et reconstruisirent tout le reste dans des conditions simples et faciles, ayant surtout pour but de rétablir promptement les communications.

L'entassement des rochers formant culée sur la rive gauche fut remplacé par un mur vertical en maçonnerie, monté par assises régulières. Les roches intermédiaires furent soigneusement dépouillées de toutes les parties effritées, les saillies enlevées et les vides remplis par une maçonnerie formant, sur les côtés, des parements droits et réguliers. Ces rochers, ainsi transformés, servirent de piles reliées entre elles par un ouvrage de charpente.

Les armées romaines ne pouvaient transporter en campagne les engins nécessaires pour dresser de grandes pièces de bois; elles se trouvaient, ainsi, amenées à adopter des combinaisons de charpente grâce auxquelles elles élevaient rapidement, avec les matériaux dont elles disposaient, des ouvrages d'une grande importance.

La mise en état du pont de la Vaatz fut faite dans ces conditions. Le nouveau pont fut formé de bois courts, d'égale longueur et de faible équarrissage. Il fut monté et assemblé en quelques jours, grâce aux moyens dont disposaient les Romains.

Les ouvriers commencèrent par sceller, dans les murs des piles et des culées, les montants droits; ils placèrent ensuite une traverse encastrée dans le mur et la soulagèrent au moyen d'une décharge, maintenue elle-même par une moise, à l'extrémité de la traverse. Ils dressèrent un nouveau poteau, supportant une traverse prolongée sur le sol et au-dessus de l'eau. Cette traverse était, en dessous, soulagée par une décharge, et reliée avec la traverse horizontale et le montant par une grande moise; deux autres moises rattachaient le montant et la traverse. Des croix de saint André rendaient solidaires les deux parties destinées à soutenir le tablier dont la largeur était de deux mètres. Un couronnement fixé au sommet des montants permettait d'établir une défense; et les traverses complétaient l'ossature sur laquelle reposait le tablier du pont.

Ce n'était pas là une œuvre de durée, mais un ouvrage de campagne, solide et parfaitement rigide[1]. L'armée romaine l'occupa, et s'en servit pour passer sur l'autre rive (fig. 5).

Les Gaulois, abrités dans les forêts des environs, retranchés dans les camps, installés au sommet des collines qui dominaient le cours de la Vaatz, n'avaient pu s'opposer au passage des Romains ; mais quand ils virent le gros de l'armée disséminé dans l'intérieur du pays, ils quittèrent leurs retraites, s'avancèrent jusque dans les maisons désertes du village, puis, de là, attaquèrent le détachement laissé à la garde du

---

1. Les échafaudages des constructions actuelles, à Rome, ont conservé la tradition des ouvrages de charpente élevés autrefois dans des conditions analogues, et rappellent les dessins des bas-reliefs de la colonne Trajane et de l'arc de Septime-Sévère.

Il y a quelques années, le dôme de Novarre, qu'on restaurait alors, s'était entouré d'un immense échafaudage, montant jusqu'au faîte; échafaudage composé de bois de faible équarrissage ayant 3 mètres de ong, et qui, d'en bas, faisait l'effet d'un véritable treillis en allumettes.

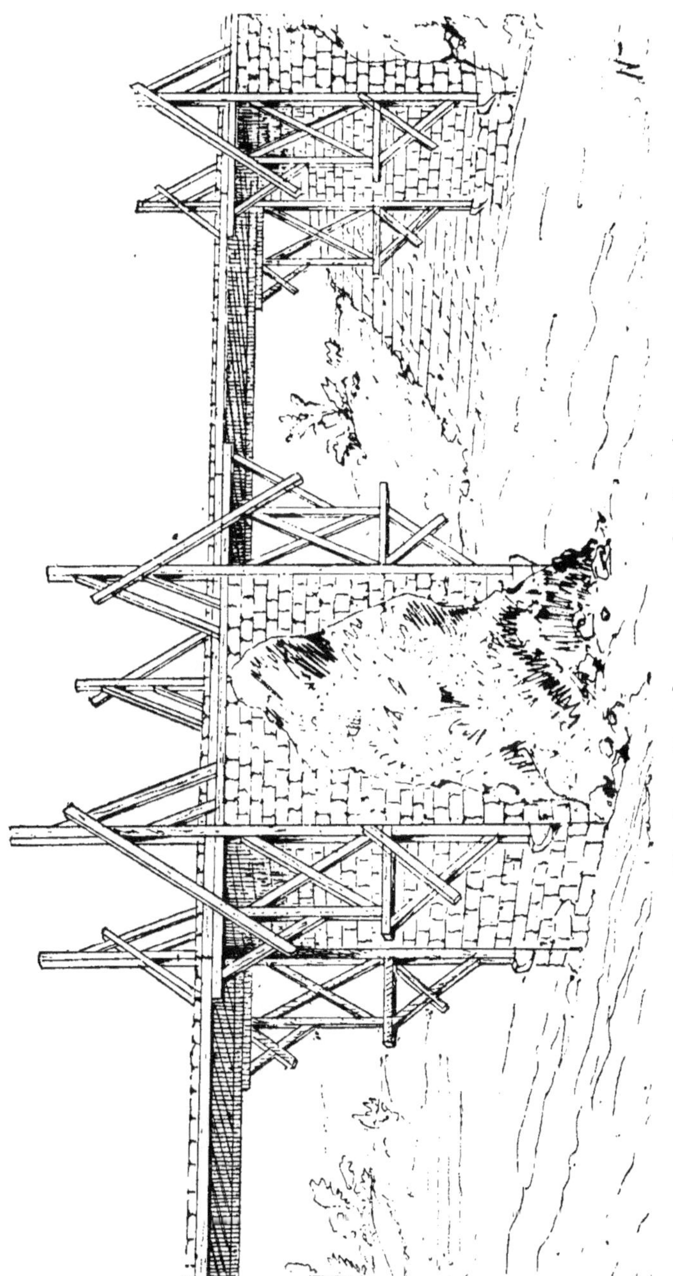

Fig. 5. — Pont de campagne des Romains.

pont; ils le défirent et incendièrent le pont pour couper la retraite aux Romains.

Ceux-ci, revenus en force, détruisirent ce qui restait du malheureux village et se mirent en mesure de rétablir le pont.

Ce n'était pas une opération facile à exécuter avec le simple matériel de campagne dont disposaient les Romains. Le feu avait achevé la destruction des rochers ayant servi de piles au pont Gaulois. Ces roches calcinées s'effritaient et ne pouvaient plus offrir la cohésion nécessaire. Converties en chaux, elles fusaient par leur contact avec l'eau, et il eût été dangereux de s'en servir comme points d'appui. Il était également impossible de débarrasser complètement le lit de la rivière des débris de roches et de maçonnerie qui l'encombraient. Les Romains laissèrent donc toutes choses en état, chargeant le temps et les eaux de détruire ce qui restait du pont de Naryx, et choisirent, pour l'emplacement du pont qu'ils voulaient construire, un endroit un peu au-dessus de celui qui avait disparu.

Ce nouveau pont ne devait, du reste, être qu'un pont de service, le temps manquait pour permettre de le construire d'une façon durable, et le bois était la matière qui, naturellement, s'imposait dans de telles conditions.

Les ouvriers commencèrent par diviser le lit de la rivière en huit parties de 12 mètres de largeur chacune; à chaque point de division, ils enfoncèrent des pieux régulièrement espacés sur trois rangs; l'un deux, isolé, faisant tête au courant, et les derniers consolidés par une pièce oblique servaient d'arc boutant. Ces pièces dépassaient le niveau de l'eau d'environ 2 mètres; elles étaient reliées entre elles par des traverses et longrines placées suivant le fil de l'eau. Des madriers, posés en avant et formant éperon, divisaient le courant, protégeant ainsi les pieux, dont l'ensemble formait les piles du pont (fig. 6).

Sur ces piles, furent ensuite fixées des traverses destinées à supporter le tablier; mais, à cause de leur longueur, ces traverses n'auraient pu être maintenues suffisamment rigides ni, par conséquent, supporter une charge considérable, il fallut les raidir au moyen d'un système de fermes divisant les travées en trois parties. Les montants étaient placés sur la partie centrale; une couche horizontale les reliait l'un à l'autre, une moise les rattachait à chaque extrémité de la traverse, et une croix de saint André raidissait le tout. Des étriers en fer empêchaient les montants de se séparer des traverses sur lesquelles reposaient les madriers formant le tablier.

On comprend que, grâce à cette combinaison, plus la charge imposée au tablier était considérable, plus ce tablier était soumis à l'action de la ferme, action exercée par les moises obliques et la couche horizontale. La rigidité de l'ensemble se trouvait complétée par les montants et les étriers qui en fixaient les pieds.

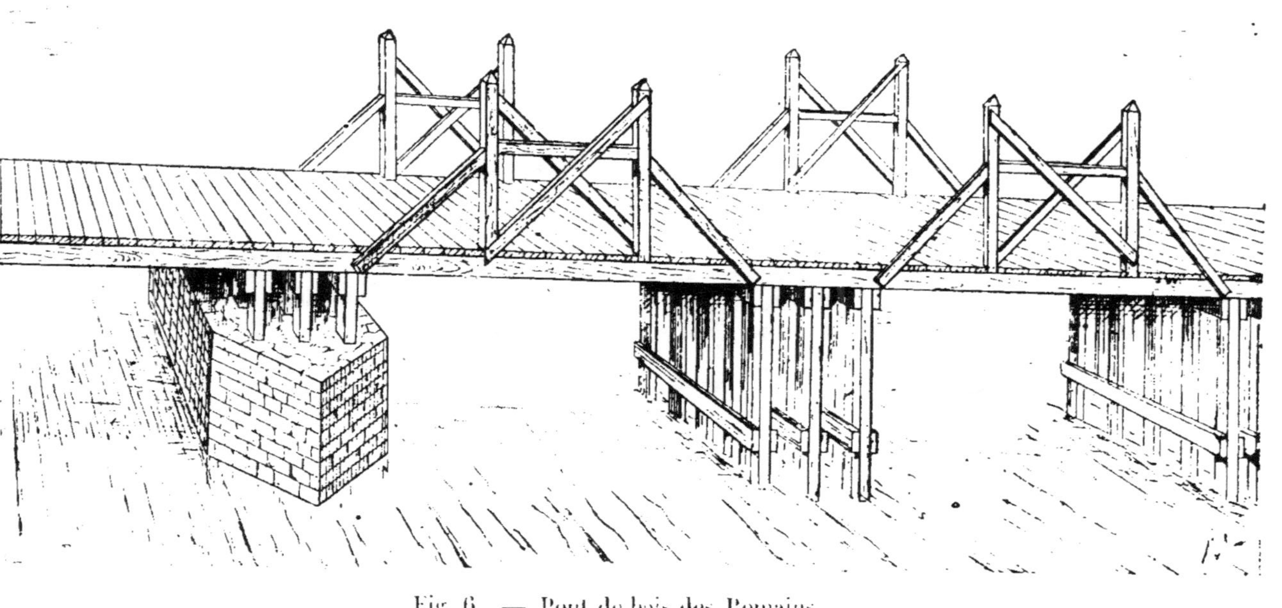

Fig. 6. — Pont de bois des Romains.

Une grande semelle horizontale reliait toutes les fermes et servait de garde-corps.

Un tel pont ne pouvait avoir une longue durée ; il était soumis à des causes de destruction auxquelles il était incapable de résister. En outre, son peu d'élévation au-dessus de l'étiage le rendait un obstacle à la navigation, et l'exposait à être facilement enlevé par une crue.

Tel qu'il était, cependant, il se trouvait, par suite de sa situation, appelé à rendre de grands services aux armées romaines. Placé sur un des importants passages qui, de Rome, conduisait dans les Gaules, il assurait la traversée de la Vaatz et permettait aux Romains de se répandre dans le cœur du pays ; aussi vit-il défiler sur son tablier de bois bien des cohortes et bien des légions.

Raconter l'histoire de ce pont de la Vaatz, ce serait raconter l'histoire de la conquête des Gaules. Il faudrait rappeler le souvenir des terribles luttes de ces deux peuples, Romains et Gaulois, tour à tour victorieux ou vaincus. Les bords de la Vaatz virent de nombreux combats. Le pont changea souvent de maîtres, et sa possession fut, bien des fois, chèrement acquise et chèrement payée.

Le pays avait perdu cet aspect de calme, de paix et de richesse qu'il offrait sous ses premiers possesseurs. Les descendants de Naryx étaient dispersés depuis longtemps ; le plus grand nombre avaient succombé en défendant le sol sacré de la patrie. Les ruines s'étaient amoncelées de toutes parts, sur les rives de la tranquille rivière. Les forêts étaient dévastées, les champs incultes et le morne silence qui régnait dans les campagnes n'était plus troublé, de loin en loin, que par le bruit d'un combat, les cris de victoire ou les cris de vengeance et les appels désespérés des guerriers qui succombaient.

III

Le pont de pierre de la conquête romaine.

La Gaule est soumise, Rome a vaincu. Il lui faut maintenant se servir de sa victoire et faire prendre à sa nouvelle conquête la place qu'elle doit occuper dans le fonctionnement général de l'empire.

C'était un rôle dans lequel Rome excellait. Elle possédait le grand art de savoir tirer parti de ses victoires, d'organiser l'administration des provinces conquises, afin de les incorporer à l'empire dont elles devenaient partie intégrante.

Jules César, qui connaissait l'importance de la province comprise entre la Vaona (la Vaatz des Gaulois), le territoire des Séquanes et celui des Clusiens, avait mis à sa tête, en qualité de préfet, un de ses anciens secrétaires, Caïus Nargus, homme jeune, habile administrateur, ingénieur instruit, très désireux de se produire et d'appeler l'attention sur sa personne, afin de rentrer à Rome digne de la faveur populaire.

En parcourant la province confiée à ses soins, il arriva sur les bords de la Vaona, à l'endroit jadis occupé par la ville de Vaatzi et le pont de Naryx. Il fut frappé des avantages que présentait une telle situation et résolu d'en tirer parti.

Tout d'abord, il jugea nécessaire d'établir un camp retranché sur la colline dominant le cours de la rivière, puis de tracer, à travers la province, la voie romaine qui, de Lutèce, devait gagner Rome. Il fallait, pour cela, jeter un pont sur la Vaona, afin d'en relier les deux rives et de permettre à la voie romaine d'aller jusqu'aux Alpes. Le camp retranché protégerait le passage et permettrait d'avoir constamment sous la main un nombre d'hommes pouvant, grâce à la voie, se porter rapidement, sur un point menacé (fig. 7).

Le camp et la voie étaient ainsi destinés à se prêter un mutuel soutien, à concourir ensemble à la défense de tout le territoire.

Dans la pensée de Nargus, cette triple création du camp, de la voie et du pont devait avoir pour résultat certain d'amener, à l'endroit choisi par lui, la naissance d'une ville. Ville appelée à un rapide développement et à une grande prospérité, grâce à sa situation sur les bords d'une rivière et sur une importante voie de communication. Elle mettrait ainsi en rapport prompt et facile les provinces du nord et du midi, celles de l'est et de l'ouest. Le climat du pays, la variété et la richesse de ses produits, aideraient à son accroissement ; le camp retranché, dominant la ville, la protégerait, assurerait la sécurité de ses habitants et de ses transactions commerciales.

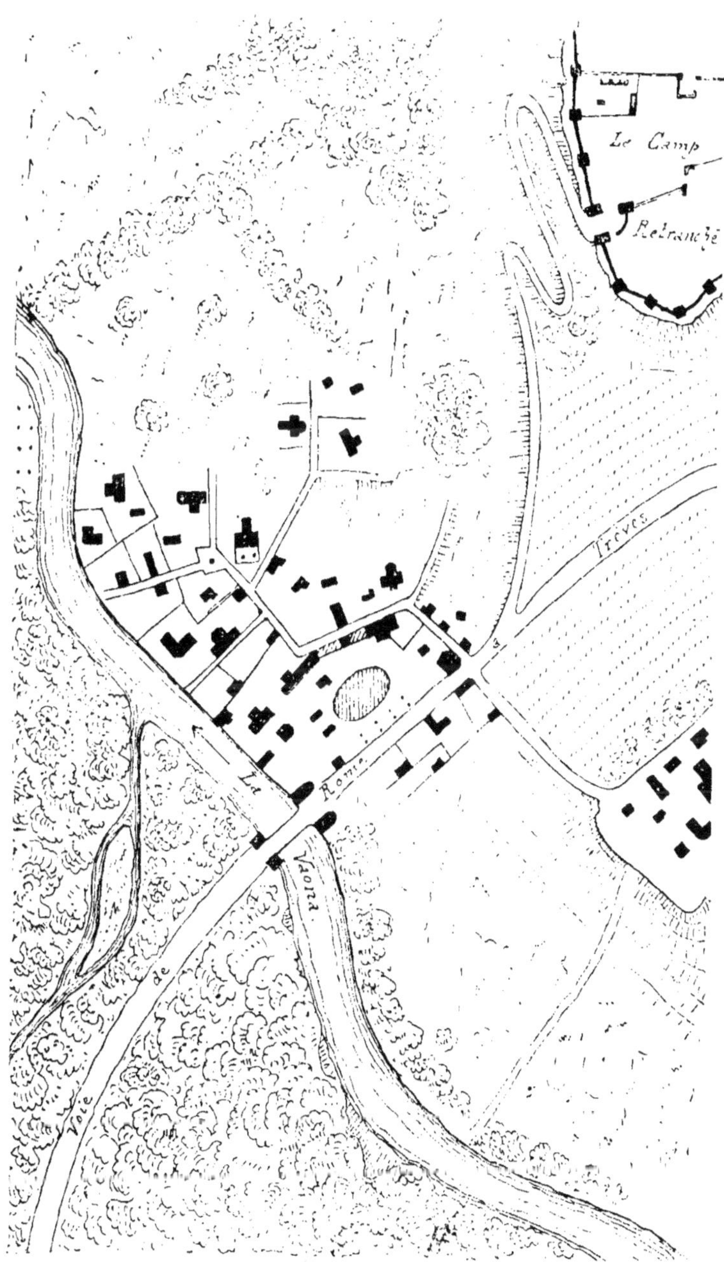

Fig. 7 — Le pays de Vaatzi après la conquête romaine.

La main d'œuvre n'avait pas de valeur pour les Romains : ils pouvaient utiliser les soldats de leur armée répandus sur tout le territoire; ils avaient des esclaves; ils disposaient à leur gré de la population des pays soumis. Nargus, favorisé par ces conditions générales, éminemment favorables à l'exécution des grands travaux publics, se trouvait en outre dans des conditions particulières, exceptionnelles.

La province était riche, abondante en matériaux excellents.

Une pierre calcaire blanche et rose, ferme, facile à tailler, existait presque partout à fleur du sol.

Le terrain, argileux par endroits, permettait de fabriquer facilement des briques, cet élément de construction si cher aux Romains.

La pierre pouvait aisément être convertie en chaux.

De la Vaona, enfin, on pouvait extraire le sable à pied d'œuvre.

Quant au bois nécessaire, les forêts environnantes en contenaient un approvisionnement inépuisable.

Nargus put donc commencer à la fois, et mener de front ses trois entreprises : le camp, la voie et le pont.

Les Romains étaient grands constructeurs de ponts; ceux qu'ils ont laissés montrent toute l'importance qu'ils attachaient aux constructions de ce genre. Nargus voulut consacrer tous ses soins, apporter toute son attention à celui qu'il projetait de jeter sur la Vaona.

L'ancien pont de bois qui avait servi de passage aux

Romains lors de leur entrée dans les Gaules, était encore debout, mais en si mauvais état qu'il était dangereux de s'en servir. Il pouvait cependant être réparé et utilisé, de façon à permettre d'attendre l'achèvement du nouveau pont. On comptait l'utiliser, pendant l'exécution des travaux, pour le passage des hommes, le transport des matériaux, et fournir ainsi aux ouvriers le moyen de travailler simultanément sur les deux rives.

La première difficulté à résoudre, dans la construction d'un pont, est de fixer l'importance du débouché qu'exigent les eaux de la rivière sur laquelle il est jeté.

Le moyen pratique que recommandent aux ingénieurs tous les cours de construction publiés de nos jours consiste, en pareil cas, à se rendre compte de ce qu'ont fait leurs prédécesseurs, à examiner les ponts voisins de celui qu'ils veulent construire. Ce moyen, dont le résultat le plus immédiat est de perpétuer, les erreurs et les fautes, n'était pas à la portée de Nargus; les précédents lui manquaient; aucun pont n'existait sur la Vaona, et il dut compter sur ses propres ressources pour sortir d'embarras.

Nargus savait qu'un pont dont le débouché est trop étroit fait refluer les eaux en amont, élève leur niveau, augmente la force du courant au droit des piles, affouille leurs fondations et rend, par suite, la navigation difficile. Il savait aussi qu'au contraire, un pont dont le débouché est trop grand fait baisser, outre mesure, la hauteur des eaux; elles s'étalent et, pendant les sécheresses, déposent des sédiments, des alluvions. Ces amas forment, avec le temps, une barre, des atterrissements qui obstruent les arches et en rendent, en fin de compte, le débouché insuffisant.

C'est entre ces deux excès que Nargus sut trouver la vérité. Il remonta le cours de la Vaona, jusqu'à une certaine distance, puis le descendit. Il mesura la largeur de la rivière en plusieurs endroits, rencontra des dimensions très différentes et prit la moyenne. Il arriva ainsi à reconnaître que, y compris l'emplacement des piles, une largeur de 100 mètres était suffisante pour donner au pont un débouché convenable.

L'emplacement choisi pour l'établissement du nouveau pont fut, à peu de chose près, le même que celui occupé jadis par le pont Gaulois dont tous les vestiges avaient disparu, depuis longtemps. On comptait pouvoir utiliser pour les fondations une partie des roches alors cachées sous les eaux, et qui faisaient, à la surface, des tourbillons dangereux pour les embarcations.

L'avantage qui devait ainsi résulter du choix de cet emplacement se trouvait toutefois compensé par la nécessité de débarrasser le fond de la rivière des débris de pierre qui l'encombraient. Mais cette opération était indispensable à la sûreté de la navigation, et il fallait l'accomplir en tout état de choses. Il était donc sage de tirer de ce travail, coûteux et difficile, tout le parti possible.

Une fois l'emplacement du pont parfaitement arrêté, Nargus et les collaborateurs qui lui étaient adjoints étudièrent longuement les dispositions principales qu'il convenait d'adopter. D'un commun accord, on s'arrêta au parti suivant : Sur chaque rive, à l'endroit où venaient aboutir les extrémités du pont, s'élèveraient deux portes monumentales pouvant servir à la défense. Un arc triomphal occuperait le milieu du pont et rapellerait le souvenir de ce grand travail. Enfin, entre les portes et l'arc serait de chaque coté jeté le pont proprement dit, divisé par les piles, en arches d'égale largeur (fig. 8).

La création d'un pont a pour objet de faciliter les communications par terre; mais il faut éviter qu'un pont ne devienne une gêne ou un obstacle à la navigation, c'est-à-dire aux transports par eau; sans cela, les avantages qu'on aurait retirés d'un côté seraient annihilés par les inconvénients qu'on aurait créés d'un autre.

Pour qu'un pont facilite les communications, il faut que son tablier soit horizontal, autrement les rampes qu'il présente seraient une cause de fatigue pour les hommes et les animaux. Mais il faut, en même temps, que le tablier soit assez élevé au-dessus du fleuve pour n'entraver ni la navigation, ni le rapide écoulement des eaux. Ce double résultat est facile à obtenir quand le fleuve est encaissé entre des rives hautes et profondes; mais quand il coule comme la Vaona, entre des bords plats et unis, la difficulté est grande

Fig. 8. — Le pont gallo-romain.

et ne peut être résolue que par la création des rampes
qui constituent un embarras au moins aussi sérieux
que celui causé par le manque d'horizontalité du tablier. Il faut donc, en pareil cas, atteindre le but au
moyen de modifications dans un sens et dans l'autre,
et sacrifier la vaine apparence de l'œuvre à son côté
utile et pratique.

Nargus était Romain, il avait l'esprit réglé, le sens
droit et le génie administratif de sa race; il ne
chercha donc la solution du problème qui lui était
donné que dans l'unique satisfaction des besoins
qu'il comprenait.

En laissant une grande largeur aux arches de son
pont, il eût obtenu des proportions plus nobles et
plus majestueuses; mais, d'après la tradition romaine
ces arches devant être plein-cintre; elles eussent
alors dépassé, de beaucoup, la hauteur des rives, et
rendu nécessaires des rampes gênant les abords du
pont; ou bien il eût fallu donner aux arches des hauteurs différentes : laisser celles du milieu très hautes
et baisser celles des extrémités. C'était, dans les deux
cas, créer des embarras dont les inconvénients ont
été signalés, et ne recueillir en échange que l'avantage de donner satisfaction à l'apparence extérieure
du monument.

D'un autre côté, établir des arches basses et par
conséquent étroites, eût gêné l'écoulement des eaux
lors des crues, et, en tout temps, entravé le passage
des bateaux.

Nargus prit un moyen terme : il sacrifia l'aspect monumental que de grandes arches eussent donné à son pont, et ménagea, aux abords, des rampes peu sensibles qui lui permirent d'élever les rives à une hauteur moyenne de 7 mètres au-dessus de l'étage des eaux.

Cette hauteur servit à déterminer celle à laquelle devait atteindre le tablier du pont. En déduisant de ces 7 mètres l'épaisseur du tablier, celle des reins de la voûte et de l'arc de rive, il ne restait plus que 5 mètres environ au-dessus des eaux. Ce fut cette cote qui servit à tracer le rayon de l'arche dont la largeur se trouva ainsi portée à 10 mètres. La rivière ayant 100 mètres d'une rive à l'autre, dix arches eussent été

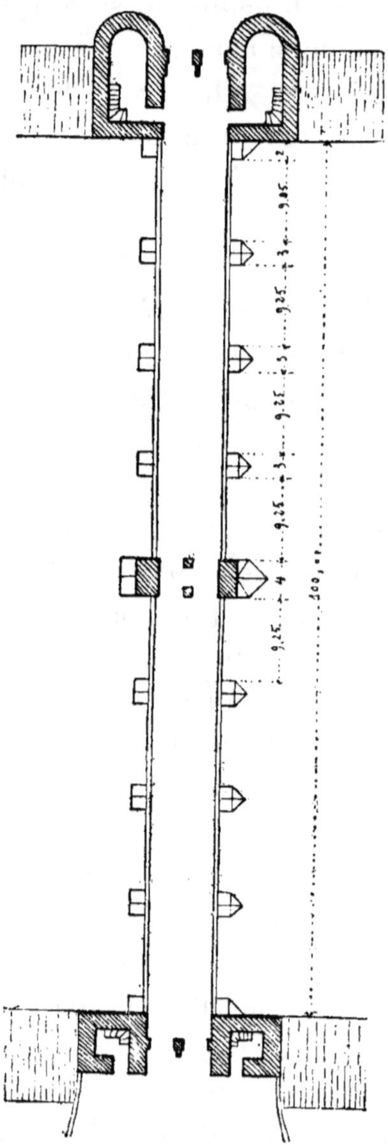

Fig. 9. — Plan du pont gallo-romain.

nécessaires pour la traverser; mais il fallait tenir compte de l'épaisseur des deux culées extrêmes, de celle des piles intermédiaires et de celle de la pile centrale supportant l'arc de triomphe; toutes conditions ramenant à huit seulement le nombre des arches dont la largeur se trouva, en exécution, légèrement inférieure à celle primitivement indiquée.

La largeur des piles fut fixée à 5 mètres (fig. 9), ce qui était excessif pour des arches aussi étroites; mais cet excès n'était le résultat ni d'une erreur ni de l'ignorance des forces de résistance nécessaires. Nargus s'inspirait, en cela, des règles du mode de construction adopté par les Romains, qui élevaient leurs édifices en combinant deux systèmes de construction, non pas différents, mais distincts. Ces deux systèmes, qui exigeaient l'emploi de grandes masses, étaient la construction en pierres d'appareil, et la construction en blocage et en briques.

La construction d'appareil servait à faire le revêtement, l'enveloppe de l'édifice. On employait, à cet effet, des morceaux de pierre de grande dimension; on les posait à joints vifs et secs, c'est-à-dire sans mortier. On les reliait ensemble avec des crampons de métal et, parfois même, des liens de bois. Puis, on remplissait l'intervalle laissé entre les parements de cette enveloppe, au moyen d'une maçonnerie grossière de bétons ou de débris de pierres hourdés avec un excellent mortier.

Bien que la Gaule fût pacifiée, au moins en apparence, et que toute tentative de révolte ne se fût manifestée depuis longtemps, la fusion des races était loin de s'être opérée, et un soulèvement des peuples conquis était toujours à craindre. La fortune pouvait abandonner les vainqueurs. Ils avaient tout à redouter de la force et de la violence, et voulaient être prêts à toute éventualité. Pour avoir la paix, Rome devait toujours être en mesure de faire la guerre et d'en sortir victorieuse.

Le pont était destiné à servir au passage des corps d'armée arrivant des Alpes et gagnant la Gaule; mais il fallait aussi qu'en cas de revers, il pût servir de point de défense et d'abri.

Les portes élevées à chaque extrémité furent donc disposées de façon à pouvoir fermer le pont. Ces portes s'appuyaient sur deux tourelles, carrées sur la rive gauche, et précédées d'un parti circulaire sur la rive droite, d'où pouvait venir une attaque.

Les tourelles de la rive gauche servaient de poste aux hommes de garde, chargés du soin d'ouvrir ou de fermer les portes. Les tours de la rive droite, plus importantes, avaient des dimensions leur permettant de recevoir un détachement. La forme circulaire donnée à leur face antérieure, protégeait leurs murs et rendaient moins dangereux l'effet des projectiles qu'on pouvait diriger contre elles.

L'arc de triomphe, élevé au milieu du pont, devenait lui-même un obstacle propre à arrêter les assaillants, à retarder et à gêner leur marche (fig. 10).

De cette façon, si une attaque contre le camp venait à réussir et que la garnison fut obligée de l'évacuer elle trouvait le moyen d'assurer sa retraite en suivant la voie secondaire reliée à la voie principale, gagnait le pont dont les obstacles retardaient la marche de l'en-

Fig. 10. — Arc monumental élevé au milieu du pont gallo-romain.

nemi, et pouvait se reformer sur la rive gauche de la Vaona maintenue en facile communication avec un point important du territoire. Là se trouvait toujours une nombreuse garnison pouvant fournir les secours nécessaires ; et la voie, continuant jusqu'au delà des

Alpes, permettait aux légions romaines d'accourir de leurs lignes frontières.

Ce n'était certes pas là un système complet d'attaque ou de défense, c'était simplement un système de protection, l'établissement d'une suite d'obstacles assez sérieux pour pouvoir à un moment donné, assurer le salut.

Tous ces travaux projetés en prévision de troubles et de combats, s'exécutaient en pleine paix. Prendre des précautions trop belliqueuses eut été maladroit et hors de propos ; c'eut été éveiller l'attention, montrer de la défiance ou de la crainte ; il fallait tenir compte de la situation actuelle si favorable et si propice, et ne la compromettre par aucune mesure intempestive.

Les abords du pont furent donc maintenus faciles et ouverts, afin de ne pas gêner le mouvement des allants et venants, la traversée des charriots, le transport des marchandises de toutes sortes que Rome tirait de ses diverses provinces.

Les portes étaient largement percées, partagées au milieu par une pile les séparant en deux parties afin d'éviter toute confusion et obliger les chars allant dans un sens, à ne pas gêner ceux qui venaient dans l'autre. Ces portes n'avaient que la hauteur nécessaire au passage des chars, de façon à rendre facile la manœuvre des clôtures qui les fermaient[1].

Les fondations n'offrirent pas de difficultés. On les établit de la façon la plus simple. L'emplacement de

1. C'est une disposition généralement adoptée dans toutes les portes de l'époque romaine et qui vient singulièrement détruire l'illusion des

chaque pile fut entouré d'une enceinte formée de pieux et de palplanches jointives. L'intérieur de cette enceinte fut mis à sec et la bonne nature du sol, qu'avaient fait reconnaître des recherches précédentes ayant été constatée de nouveau, on coula du béton dans tout l'intérieur de l'enceinte réservée (fig. 11).

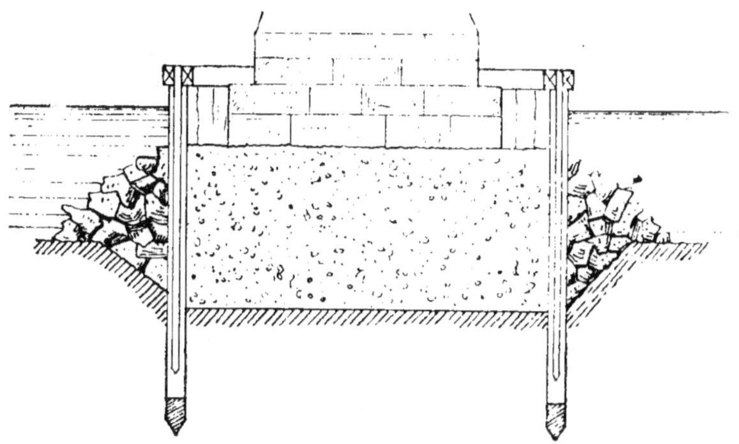

Fig. 11. — Détail des fondations.

Le béton est une maçonnerie formée de fragments de pierre et de mortier hydraulique, c'est-à-dire durcissant sous l'eau, le succès du travail dépend de la qualité des mortiers et de leur dosage.

Un pont de service établi au-dessus de l'emplacement des piles facilitait le transport du béton du lieu de fabrication au lieu d'emploi; on le descendait au

gens qui croient retrouver, dans les portes Saint-Martin et Saint-Denis de Paris, un souvenir des traditions de l'architecture romaine.

fond des fondations avec un treuil ; le récipient qui
le contenait basculait à l'aide d'une corde attachée à
sa partie inférieure, et on le damait ou le pressait
avec une masse de bois (fig. 12).

Au-dessus de la couche de béton s'élevèrent les
assises de pierre de taille, puis vinrent le revêtement

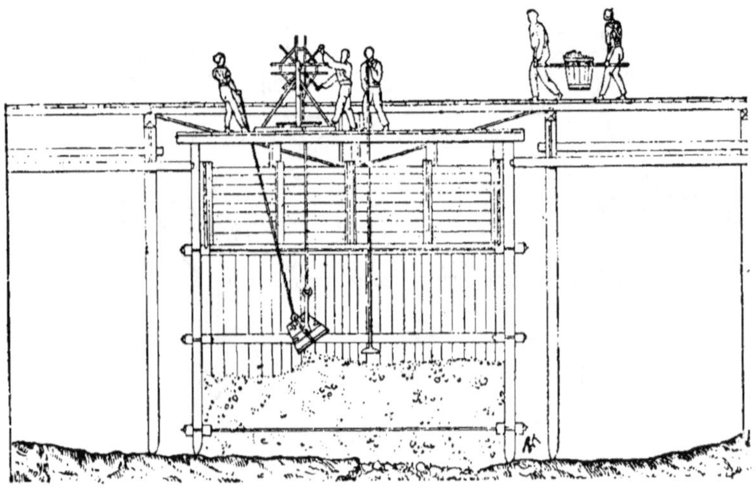

Fig. 12. — Mode d'emploi du béton.

et les remplissages intérieurs disposés comme il a
été dit précédemment.

A la naissance des arches, on laissa aux piles une
légère saillie sur laquelle vinrent s'appuyer les pieds
des échafaudages des cintres destinée à donner leur
forme aux arches du pont. Ces cintres étaient ainsi
libres et indépendants de la construction ; une fois
le travail achevé, ils purent être enlevés sans dif-

ficultés, lorsque les mortiers eurent pris corps et que les maçonneries furent bien assises (fig. 13). Ces ceintres en bois étaient très résistants en prévision de l'énorme charge qu'ils devaient supporter et de la

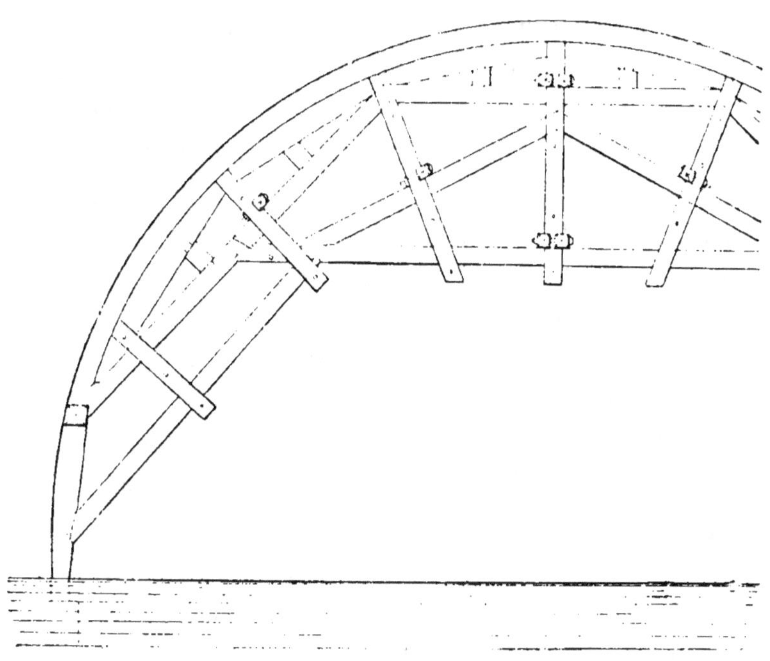

Fig. 13. — Cintres et échafaudages.

facilité avec laquelle on pouvait se procurer les bois nécessaires dans les forêts des environs.

Quant à la structure du pont lui-même, elle fut formée, comme il a été dit, d'une enveloppe de blocs de pierre extraits des carrières environnantes. Ces blocs, posés à joints serrés, furent reliés les uns aux autres au moyen de crampons en métal. L'intérieur de cette enveloppe fut rempli de béton. On adopta le même système de construction pour les arcs des voûtes ; mais les parements des reins, la partie pleine entre deux arcs, furent revêtus d'un appareil formé de petits cubes de pierre faisant queue dans le mur, et taillés régulièrement afin d'indiquer d'une façon très franche cette partie de la construction dont le rôle était différent de celui des autres parties (fig. 14).

Les ponts modernes sont, après leur achèvement, et avant d'être livrés à la circulation, soumis à des épreuves ayant pour objet de constater l'état de leur construction et de s'assurer de la charge que leurs arches peuvent supporter sans subir de déformation.

Cette précaution est indispensable à cause des poids considérables que nos ponts ont à supporter à un moment donné. Les grosses charettes, les lourds camions que nous employons pour nos transports causent à nos ponts une trépidation à laquelle ils doivent pouvoir résister.

Mais les Romains effectuaient leurs transports à dos d'hommes, de bêtes de somme, ou sur des chars de petites dimensions. Ils fractionnaient donc les charges et les répartissaient sur un très grand nombre de moyens de transport.

Le pont de Nargus, composé d'arches relativement étroites et, par suite, très résistantes, n'avait donc pas à résister à un effort considérable et les déformations n'étaient pas à craindre.

Par suite, les épreuves, suivant l'expression technique, étaient superflues ; aussi, une fois le décintrement opéré, le premier pont que la Vaona ait vu jeté entre ses deux rives put-il sans autres formalités, servir à la circulation.

Les dimensions des piles devenaient énormes à partir de la naissance des voûtes, elles pouvaient, par conséquent, faire obstacle à l'écoulement des eaux. Les crues du printemps et de l'automne amenaient parfois des quantités d'eau considérable; celle-ci se brisant violemment contre les piles pouvait les ébranler et compromettre la solidité du pont. Pour

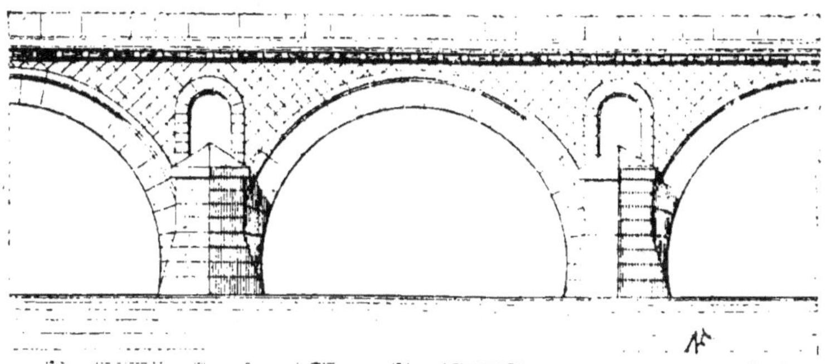

Fig. 14. — Une arche du pont gallo-romain.

obvier à cet inconvénient, on perça les reins des voûtes d'une ouverture remplissant l'office d'une petite arche. Afin de diminuer encore l'effet que pouvait produire contre les piles l'effort des eaux elles furent terminées, du côté du courant, par un angle très aigu, coupant le fil de l'eau et les rejetant de chaque côté.

Une corniche très saillante, au profil accusé, couronna les arches, accusa le tablier à l'extérieur et fut surmontée d'un mur bahut en pierre, servant de garde corps qui compléta l'ensemble du pont.

Ces grands travaux avaient exigé un long temps. Des années s'étaient écoulées avant que la voie, le camp et le pont pussent être achevés. Les ouvriers occupés à ces divers ouvrages, les industriels de toute sorte, qui avaient été appelés, par leurs intérêts, sur le lieu de l'entreprise, y avaient apporté leur activité, leur désir de gain et leur amour du travail. Ils y créèrent, petit à petit, des installations diverses; puis, la richesse et la fertilité de la vallée de la Vaona y fit venir un grand nombre des habitants des territoires voisins; ils s'y construisirent des demeures dont le nombre augmenta rapidement. Ces demeures prirent peu à peu de l'importance, le commerce et l'industrie favorisèrent la colonie naissante et, comme l'avait prévu Nargus, une ville se fonda; elle se développa sur la rive droite de la Vaona, entre le camp et la rivière, et, du nom de son fondateur, s'appela Cita-Narga.

L'œuvre entreprise était donc accomplie et présentait alors l'ensemble suivant (fig. 7) :

En haut, au sommet de la colline, le Castrum entouré de murailles reliées par des tours et renfermant, dans son enceinte, des casernes assez vastes pour recevoir une nombreuse garnison. Le long des flancs abrupts de la colline, serpentait une voie secondaire se rattachant à la grande voie romaine qui traversait les Alpes pour rattacher l'Italie à la Gaule.

Cette voie, une des plus grandes qu'aient tracée les Romains, avait été construite par les légions éche-

lonnées sur son parcours. Après le passage de la
Vaona, elle se bifurquait se dirigeant à gauche sur
Lutèce, à droite sur Langres et Trèves, où elle traversait la Moselle au moyen d'un beau pont construit en
grès rouge[1]. Une borne miliaire s'élevait à l'intersection des deux voies, qui n'étaient que deux des fils du
réseau sous lequel Rome enveloppait son immense
empire.

Le pont qui reliait les deux rives de la Vaona était
achevé; il montrait, supportée par ses arches puissantes, la longue ligne droite et régulière de son
tablier, qu'interrompaient seulement les portes élevées aux extrémités, et l'arc triomphal du centre.

Un grand mouvement de piétons, de chars de toute
sorte, se produisait sur ce pont, pendant que des
bateaux pesamment chargés passaient au-dessous.

Sur la rive droite, en aval du pont, se montraient
les maisons de Cita-Narga : on apercevait les vides des
rues, des places, la masse des monuments publics, et,
en avant, amarrés aux murs des quais, des bateaux,
des canots, des embarcations de toute nature, qui apportaient des marchandises du midi, et retournaient
chargés de chevaux, de cuirs, de viandes conservées,
de bois, de grains et de fourrage.

En face, un peu au-dessous de la ville, se voyaient
des ateliers de construction de bateaux dans les-

---

1. Ce pont est encore debout.

quels des ouvriers de race gauloise fabriquaient des barques, des radeaux, des navires ; tressaient le chanvre pour faire des cordages ; forgeaient le fer pour les ancres et les chaînes.

En amont du pont, les choses s'étaient moins modifiées : la rive gauche était toujours occupée par une épaisse forêt qui s'étendait jusqu'au bord de l'eau, et, sur la rive droite, on apercevait encore les plaines jadis occupées par Naryx et sa tribu. Prairies riches et fertiles, peuplées de beaux troupeaux qui, le matin se désaltéraient dans la Vaona et le soir retrouvaient leurs étables au pied de la colline.

La façon dont Nargus s'était acquitté de sa mission avait fait grand bruit à Rome ; il y était rentré avec éclat, et le proconsulat des Gaules, devenu vacant par la mort de Libellus Prostinus, fut la récompense de ses services.

IV

Le pont sous l'empire gallo-romain et pendant l'invasion
des Barbares.

La fertilité du sol, la richesse des productions, les
ressources du génie gaulois, le courage, l'heureux
caractère des habitants d'au delà des Alpes, avaient
éveillé la convoitise des Romains, et tous les moyens
leur avaient été bons pour s'assurer la victoire; mais
une fois la conquête réalisée, leur intérêt leur fit
tendre tous leurs efforts à s'attirer l'affection des vaincus, à pacifier le pays et à en augmenter la prospérité, dont ils devaient être les premiers à tirer profit.

Cita-Narga, grâce à sa situation géographique,
placée au bord d'une grande rivière, traversée par
une route qui la mettait en communication avec les
points extrêmes de l'Empire, profita, plus que toutes
les villes gallo-romaines, de l'ère de prospérité qui
succéda aux horreurs de la conquête. Elle s'agrandit,
se développa rapidement, posséda bientôt des fabriques de savon, des teintureries, des ateliers de
tissage d'étoffe et de tapis, des ateliers de charrons,
des tanneries, des forges, etc.

L'amour du luxe était alors extrême à Rome; les belles patriciennes faisaient venir des Gaules des vêtements teints de riches couleurs et brodés d'or. Elles aimaient à rehausser leur beauté de l'éclat des bijoux gaulois : les plus renommés étaient les colliers et les bracelets de Cita-Narga, les guerriers romains eux-mêmes se disputaient les boucliers et les casques incrustés d'or de la ville gauloise.

C'était aussi des troupeaux d'oies élevées sur les bords de la Vaona que Rome tirait les lits de plume, les couches moelleuses, avec lesquels elle remplaçait ses durs lits de paille.

La prospérité de cette belle vallée, le développement de la richesse de cette jeune ville, excitèrent bientôt la jalousie des contrées voisines moins favorisées, et ce fut, parmi elles, un âpre désir de prendre leur part de ces biens, de ces avantages, qu'elles n'avaient pu s'assurer.

Les Helvètes habitaient un pays âpre et sauvage ; ils étaient proches voisins des frontières de l'Empire, et, les premiers, se décidèrent à tenter une entreprise dont le succès devait, pensaient-ils, leur apporter abondance et richesse.

Avant leur départ pour s'ôter toute idée de retour, ils brûlèrent leurs villes et villages.

Ils se présentèrent au nombre de 400 000 sur les bords du lac de Genève, et passèrent de là chez les Allobroges. Ils allaient continuer leur marche en avant, quand ils se heurtèrent aux légions romaines venues à leur rencontre. Ce fut pour eux une barrière infranchissable. Ils remontèrent alors le cours de la Vaona, espérant pouvoir la traverser. Le pont de Cita-Narga leur offrait un passage facile. Ce pont avait été disposé pour servir de défense contre une attaque venue par la rive droite, et non contre une attaque dirigée par la rive gauche : il fut donc facilement forcé.

Les bandes Helvètes le franchirent; mais, arrêtées sur l'autre rive par la garnison du Castrum, elles trouvèrent bientôt devant elles les légions appelées du nord en toute hâte, repassèrent la Vaona au-dessus de Cita-Narga, sur des radeaux improvisés, et de là se réfugièrent dans les montagnes du Jura.

Cette attaque imprévue, qui de part et d'autre avait amené un effroyable carnage, montra que le pont de Cita-Narga ne devait pas seulement servir de passage et de voie de communication en temps de paix ; mais qu'il fallait l'utiliser, comme moyen de défense, en temps de guerre. Il s'agissait donc pour cela de modifier ses dispositions premières, de transformer les portes placées à ses extrémités, afin d'en faire des obstacles sérieux en les reliant l'une à l'autre ; puis, de rattacher le pont au camp par un chemin couvert, sûr et direct ; et, enfin, de protéger la ville au moyen d'un mur d'enceinte, qui la défendrait contre toute surprise, venant aussi bien d'une des rives de la rivière que de la rivière elle-même.

Brabanius, l'ingénieur qui venait d'achever les travaux de défense de Bibracte, en employant à cette entreprise les matériaux empruntés aux monuments de la ville, fut envoyé à Cita-Narga.

C'était un homme habile, aux décisions promptes, et qui reconnut promptement les désavantages de la situation. Il mit sans hésiter la main à l'œuvre, et prit les dispositions qu'il jugea utiles.

Il commença par faire déraser les tours qui terminaient le pont, et remplaça les toitures par un couronnement crénelé. Les portes doubles furent supprimées, une porte unique, basse et étroite, en tint lieu. Le parapet du pont fut exhaussé et crénelé. L'arc du milieu reçut également un couronnement crénelé et sa double ouverture fut fermée et remplacée par une ouverture unique, semblable à celles des extrémités, afin de ne pas gêner la circulation qui se trouvait ainsi protégée d'un bout à l'autre du pont.

On démolit en partie la porte de la rive droite. Aux saillies circulaires reconnues inutiles, on substitua un mur carré droit, et deux nouvelles tours carrées, reliées par un mur, s'élevèrent en avant, laissant ainsi entre elles une cour communiquant, d'un côté avec le pont, de l'autre avec la ville et la voie d'accès du camp.

Cette voie fut du côté opposé à la colline, bordée d'un mur crénelé, permettant aux défenseurs de gagner le pont à l'abri. Ce mur était en outre défendu par un profond fossé; il se prolongeait autour de la ville et la défendait, non seulement du côté de la rivière, mais encore du côté de la campagne.

C'était là un ensemble parfaitement combiné et raisonné, et Brabanius crut avoir ainsi assuré la défense de Cita-Narga, regardée dès lors comme un point formidable défiant sûrement toute attaque.

Mais les événements qui allaient survenir sont de ceux qui défient toutes les prévisions humaines. Rome ne put résister aux attaques dirigées contre elle, attaques qui vinrent de toutes parts.

La corruption, l'abaissement des idées morales, s'étaient lentement développés; peu à peu, comme un ver rongeur, ils avaient miné le colosse romain et préparé sa chute.

Rome, impuissante à se défendre elle-même, appela les Barbares à son secours; ils ne se firent pas attendre, envahirent l'immense empire et déterminèrent sa chute et son démembrement.

De tous côtés à la fois, du nord, de l'est, de l'ouest, se précipitèrent les Burgondes, les Goths, les Normands. Une effroyable émigration de peuples s'opérait en tous sens. Il se rencontraient dans les Gaules, se heurtant, se détruisant l'un l'autre et ne laissant derrière eux que ruines et dévastation.

De ces villes riches, prospères, de ces industries florissantes, de ces campagnes fertiles, il ne resta bientôt que des monceaux informes, des entassements de débris, qui permettent à peine, aujourd'hui, de reconstituer les souvenirs du passé.

Cita-Narga fut détruite, le castrum rasé, le pont, après avoir été le théâtre de milles luttes, après avoir vu ses défenses démolies, était cependant resté debout. Il semblait s'élever au milieu d'un lac, tant les eaux, répandues au delà de ses rives abaissées, avaient inondé la plaine et les forêts, y formant des marécages et rendant impossible toute communication.

Mais, en même temps que disparaissait l'ancien monde, naissait une nouvelle civilisation. La religion chrétienne se révélait, transformant les hommes, leur nature et leurs sentiments. De l'orient venaient les apôtres de la foi, annonçant partout la parole nouvelle.

L'effort fut immense; le résultat se fit longtemps attendre; bien du sang fut encore versé; de nouvelles ruines s'ajoutèrent aux autres et ce fut une longue période de lutte et des combats.

V

Le pont sous les Francs.

Ce qu'il coula de sang sur les bords de la Vaona
pendant les siècles qui suivirent la domination romaine eût suffi à alimenter son cours pendant longtemps.

Ce que ses flots roulèrent de cadavres eût suffi à
peupler une province.

Au milieu de cet effroyable entre-choquement de
peuples se ruant les uns sur les autres, entassant les
ruines autour d'eux, et détruisant tout au gré de leurs
sauvages instincts ou de leurs besoins; quelques
monuments, vestiges de la grandeur gallo-romaine,
restèrent cependant debout.

Le pont de Cita-Narga vit passer les dernières
légions romaines; il vit passer les barbares qui se
précipitaient à leur suite; et, toujours debout, fier et
solide, il semblait braver le temps, la fureur des
hommes et celle des éléments. Malheureusement pour
lui, il fut un moment un obstacle à l'ambition, au
désir de vengeance, peut-être à l'amour d'une femme,
et trouva là la cause de sa décadence et de sa ruine.

Gondebaud, roi des Burgondes, s'était assuré la possession du trône en mettant à mort son père Chilpéric et ses deux frères. Il avait fait noyer sa mère Agripine en la jetant dans le Rhône, une pierre au cou ; et, dans ce massacre de sa famille, n'avait épargné que ses deux nièces, Chrona, retirée dans un cloître, et Clothilde, exilée à Genève.

Un jour que Clothilde se promenait tristement sur les bords du lac, pensant avec effroi au sort des siens et à celui qui lui était réservé à elle-même, elle vit venir à elle un homme misérablement vêtu, un mendiant, qui, tout en implorant sa commisération, s'approcha d'elle, lui demanda un entretien secret, ayant, disait-il, de grandes choses à lui révéler.

Clothilde consentit à l'entendre. Un moment après on introduisait le mendiant près d'elle et, pendant qu'elle lui lavait les pieds selon l'usage, il lui apprit que Clovis, le roi des Francs-Saliens, ayant entendu parler de sa beauté, de son savoir et de sa vertu, la demandait en mariage et voulait l'élever jusqu'à lui. Comme preuve de ce qu'il avançait, il tira de sa besace l'anneau de Clovis et le remit à Clothilde.

Clovis venait, après la défaite et la mort de Syagrius, de prendre possession de Soissons et de s'y installer. Le bruit de ses exploits et de son courage était parvenu jusqu'à Clothilde. Elle reçut donc la proposition qui lui était faite, avec une joie qu'elle ne chercha pas à dissimuler, elle remit, pour sa récompense, cent sous d'or à Aurélien, le faux mendiant, messager de Clovis et elle le renvoya auprès de son maître, le chargeant de mander à ce dernier combien il était urgent d'adresser, sans retard, des messagers à son oncle Gondebaud, pour la demander en mariage, et l'emmener auprès de son seigneur et maître.

Aurélien partit; mais un soir, approchant d'Orléans où était sa demeure, il s'endormit, brisé de fatigue, au pied d'un arbre. Un véritable mendiant qu'il avait pris pour compagnon de route profita de son sommeil et lui vola sa besace, dans laquelle étaient les cent sous d'or et l'anneau de Clothilde.

Aurélien, désespéré, et n'osant reparaître devant Clovis, suspendit son voyage et fit rechercher partout son voleur; on finit par lui amener un voyageur qu'il reconnut bien vite pour son ancien compagnon. Il le roua de coups, et rentra en possession de son bien. Reprenant alors son déguisement, il continua sa route, rejoignit Clovis et lui remit l'anneau en lui faisant connaître le résultat de sa mission, insistant auprès du roi pour que des messagers fussent immédiatement envoyés à Gondebaud; ce qui fut exécuté sans retard.

Lorsqu'on lui demanda sa nièce en mariage, le roi des Burgondes vit dans la réalisation de ce projet le moyen de se créer un puissant allié. Il accepta donc la proposition qui lui était faite, et reçut, au nom de sa nièce, le sou et le denier que Clovis lui envoyait, selon l'usage des Francs.

Clothilde, ainsi fiancée à Clovis, fut remise à ses

envoyés chargés de la conduire à Châlons, où des fêtes étaient préparées pour la célébration du mariage.

L'escorte qui accompagnait la jeune reine se mit en route. Clothilde occupait, avec ses suivantes, une grande voiture fermée, qui contenait de riches cadeaux et une dot opulente. Elle avait hâté, autant que possible, les préparatifs du départ, et maintenant elle pressait la marche, au grand étonnement des seigneurs francs qui lui servaient d'escorte. Elle avait, en effet, de bonnes raisons pour s'éloigner rapidement de son oncle et fuir sa domination. Elle pressentait que, bientôt, Gondebaud comprendrait la faute qu'il avait commise en mettant sa nièce à même de venger les siens, et en faisant, de sa victime, une reine puissante et redoutable.

Gondebaud n'avait commis cette erreur que parce qu'il était abandonné à lui-même, et se trouvait privé de son conseiller ordinaire, Aridius, actuellement à Constantinople. Cet Aridius devait revenir prochainement; Clothilde le savait et voulait, avant son retour, se mettre hors de la portée des atteintes de son oncle. Elle ne se trompait pas dans ses prévisions : quelques jours après son départ, Aridius se présentait devant Gondebaud et apprenait de lui qu'il avait fait lien d'amitié avec les Francs, en donnant sa nièce à leur roi.

« Ce n'est pas un lien d'amitié que tu as contracté, mais un lien de haines et de discordes, s'écria Aridius; comment n'as-tu pas vu que, hors de tes mains, et désormais puissante, Clothilde userait de son influence sur son époux pour tirer vengeance de la mort des siens ! »

Gondebaud comprit la faute qu'il avait commise et, voulant la réparer, il mit incontinent une troupe d'hommes armés à la poursuite de la future reine des Francs.

Celle-ci, avertie par des émissaires secrets, connut bientôt la poursuite dont elle était l'objet, et précipita la marche de son escorte ; mais, embarrassée par le lourd chariot que traînaient des bœufs, elle avançait lentement, retardée par le mauvais état des chemins coupés de flaques d'eau stagnante, de bas-fonds et d'arbres abattus....

Au moment où le cortège atteignait les rives de la Vaona, les troupes qui le poursuivaient n'étaient plus qu'à deux jours de marche. Clothilde fit alors connaître la situation aux Francs à qui elle était confiée ; le pont fut passé et, par son ordre, une des arches dut être coupée. Le temps que les soldats de Gondebaud devaient mettre à rétablir le pont, à chercher un gué qui n'existait pas ou à se procurer des bateaux, permettrait à Clothilde de gagner le royaume de son époux. Elle laisse donc son charriot, monte à cheval et s'élance en avant.

Bientôt, elle arrive aux environs de Troyes, partage sa troupe en deux colonnes, met à feu et à sang tout le pays qui se trouve devant elle, ne voulant pas perdre un jour pour commencer à satisfaire sa soif de vengeance, et à se montrer l'implacable ennemie de son oncle Gondebaud, l'assassin de sa famille.

Les ordres de Clothilde, prescrivant de couper le pont de la Vaona aussitôt après son passage, étaient d'une exécution plus difficile qu'elle ne le supposait, et il fallut tout le zèle et toute l'intelligence de ses défenseurs pour le mener rapidement à bonnes fins. Les outils manquaient : ce fut au moyen de bâtons ferrés que les premières dalles du sol furent enlevées; les ouvriers improvisés se trouvèrent alors en présence de l'énorme maçonnerie romaine conservée intacte. Les parements du revêtement, en pierre de taille, furent difficiles à arracher à cause des crampons de bronze qui les reliaient l'un à l'autre. Une fois la première pierre enlevée, les autres, à la vérité, suivirent assez promptement; mais le béton qui formait la masse même du pont résista à tous les efforts. Les pieux ferrés, les piques s'émoussaient, les lourdes traverses de chêne se brisaient en éclats, plus la hâte était grande, plus les efforts étaient maladroits et manquaient d'ensemble, et moins les résultats étaient appréciables.

Depuis la destruction de la ville Romaine, les continuelles incursions des bandes armées à demi-sauvages qui ravageaient le pays, avaient empêché les habitants de se fixer sur un point où ils ne se sentaient pas en sûreté; ils s'étaient retirés à l'intérieur et une quasi-solitude régnait sur les bords de la rivière. Rien ne gênait donc l'opération que tentaient les Francs; mais il était à craindre cependant que les habitants des environs, attirés par le mouvement inaccoutumé qui se produisait sur le pont, ne vinssent s'opposer à sa destruction. Ce pont était, pour eux, un passage utile à leurs transactions et à leurs travaux; ils avaient un grand intérêt à sa conservation.

Il fallait se hâter, et la perplexité était grande parmi les travailleurs, quand l'un d'eux proposa d'allumer un grand feu sur les reins de l'arche mise à nu. Sa proposition fut accueillie, le bois ne manquait pas: on alluma un brasier ardent recouvert de bois vert afin de concentrer la chaleur et étouffer les flammes qu'on eût pu apercevoir de loin. Le foyer fut soigneusement entretenu et, au bout de quelque temps, la pierre et le mortier calcinés, refroidis par une grande quantité d'eau, s'en allaient en poussière et en boue, et, tombant dans la rivière, laissaient un énorme trou béant qui coupait le pont et rendait tout passage impossible.

Quand les habitants du pays environnant s'aperçurent du désastre, il était trop tard; ils le réparèrent comme ils purent, jetèrent en travers des piles de l'arche détruite de longues pièces de bois, remplirent les intervalles au moyen de fascines, et attendirent des jours meilleurs et une occasion favorable, occasion qui ne se présenta que sous Dagobert, le dernier vraiment roi de la race Mérovingienne.

Dagobert, au début de son règne, parcourut l'Austrasie et la Bourgogne, s'arrêtant dans les principales villes, se créant une réputation d'équité et s'assurant l'affection de ses sujets en rendant la justice, en réprimant les excès, les actes de violence et de désordre.

Il étudiait les besoins des populations, et s'efforçait de les satisfaire.

Il arriva ainsi sur les bords de la Vaona, et dut avec son escorte, passer la rivière sur le pont encombré de bois, de fascines, tremblant sous le poids des chevaux de ses hommes d'armes. Il écouta les plaintes des habitants des deux rives, puis, s'étant assis sur un tertre, réunit autour de lui tous ceux qui lui furent désignés comme les plus adroits et les plus habiles.

Dagobert ne fut pas un grand souverain dans la noble acception du mot, mais il comptait nombre de sérieuses qualités ; il fut bon législateur, bon administrateur ; saint Éloi, son fidèle compagnon et son sage conseiller, développa en lui un certain goût pour les arts et la construction.

Dans les pérégrinations qu'ils venaient d'accomplir, Dagobert et saint Éloi avaient vu les grands ponts de la Seine et du Rhône. Saint Éloi en avait fait son profit, et put facilement, du bout de son bâton pastoral, tracer sur le sable de la rivière l'indication des étais nécessaires pour donner à l'arche à construire la courbe convenable, et permettre ensuite la pose des blocs de pierre qui devaient la former. Puis Dagobert remit aux ouvriers vingt écus d'or pour prix de leur travail, les prévenant que si cette somme n'était pas suffisante il la compléterait ; et il ajouta que si le pont n'était pas rétabli et bien rétabli lors de son prochain voyage, il les ferait tous pendre.

Le roi se retira ensuite, ayant, par ces sages dispositions, grandement augmenté sa réputation de prudence, de justice et de générosité.

Après les Mérovingiens, se produit une période de calme et de tranquilité. Les excès de toutes sortes, les meurtres et les violences tendent à décroître, et une sorte d'ordre relatif modifie les mœurs et commence à les adoucir.

Pour savoir ce que devint le pont pendant la longue période de temps comprise entre Dagobert et Charlemagne, il faut nous transporter à Aix-la-Chapelle.

VI

Par une belle matinée d'un des premiers jours du printemps de l'année 804, Charlemagne tenait une de ces assemblées périodiques dans lesquelles, assisté de ses seigneurs, des députés, clercs et laïques, de son immense empire, il préparait les éléments de ses capitulaires, écoutait les rapports de ses missi-dominici, et entrait dans les détails de l'administration de ses provinces et du gouvernement de ses peuples, si différents, si éloignés les uns des autres.

Quand la saison n'était pas favorable, ces assemblées se tenaient dans de grands bâtiments divisés suivant les différentes catégories de députés. Mais quand le soleil brillait, c'était en plein air, auprès de son palais d'Aix-la-Chapelle que le grand empereur tenait ses assemblées nationales, s'enquérait des besoins de ses peuples et préparait les lois nouvelles que tous étaient appelés à discuter. C'est là un des titres de gloire de Charlemagne, d'avoir eu, à cette époque encore obscure et ignorante, le caractère assez grand, l'esprit assez supérieur et indépendant, pour vouloir initier les nations qu'il gouvernait à l'administration de leurs affaires, communiquer avec elles par l'intermédiaire de leurs délégués, leur donner des renseignements et en recevoir des avis.

Cette journée du printemps de l'année 804 était si belle, le ciel était si pur, que l'assemblée se tenait au dehors. Un grand velum abritait les assistants groupés en avant du trône de l'empereur. Eginhard, son historien, son ami et le plus fidèle de ses missi-dominici, se tenait debout sur la dernière marche du trône, et lisait au souverain un mémoire qui était le compte rendu de son récent voyage dans le sud de l'empire. Charles écoutait avec attention. Sa figure imposante, sa tête noble et fière se détachait en pleine lumière, et le soleil, passant sous le velum, faisait étinceler l'or de ses vêtements, allumant sur sa couronne des rayons lumineux.

L'empereur était encore sous la pénible impression rapportée de ce voyage dans la Gaule narbonnaise, pendant lequel il avait aperçu les barques normandes s'approchant, pour la première fois, de son empire. Aussi tout ce qui avait trait aux pays exposés aux incursions de ces nouveaux barbares était-il l'objet de ses préoccupations et de sa sollicitude.

« Aucune incursion nouvelle n'avait été signalée dans le midi de la Gaule, disait Eginhard, mais il ne fallait pas s'endormir dans une trompeuse tranquillité. Toutes les contrées traversées par de grands fleuves étaient exposées ; on devait donc s'occuper de les défendre.

« Les habitants, habitués à compter sur la protection des troupes impériales, ne prenaient eux-mêmes aucunes mesures propres à assurer leur sécurité ; il était imprudent de compter sur leur initiative. On pouvait craindre de voir les Normands remonter le Rhône et, par la Vaona, se répandre dans les provinces de l'est. C'était de ce côté qu'il convenait de faire d'utiles préparatifs, de prendre à l'avance de sages et utiles précautions. Un système de défense efficace était heureusement facile à établir : il fallait barrer les fleuves, utiliser dans ce but les ponts, les transformer en obstacles qui fermeraient les cours d'eau et interrompraient la navigation.

« Eginhard développait lentement, méthodiquement, les moyens pratiques d'atteindre le résultat désiré. Les ressources pécuniaires seraient fournies par le trésor impérial. Les ouvriers se recruteraient facilement parmi les habitants des bords des fleuves. Ces contrées abondaient en matériaux excellents, d'une exploitation commode et d'un emploi facile. Après avoir remonté le cours du Rhône de la mer à Lyon, Eginhard arrivait au pont de la Vaona, qui avait singulièrement eu à souffrir des temps et des hommes.

« Les parapets n'existaient plus, les blocs de pierre qui servaient de revêtement aux maçonneries s'étaient détachés sous l'effet des gelées, brisant les crampons de fer et de bronze qui les reliaient l'un à l'autre ; ils formaient, autour des piles, un amoncellement qui interceptait les arcs, créait des obstacles à la navi-

gation et donnait naissance à des tourbillons et des
rapides, causes de fréquents accidents.

« L'arche, reconstruite par les ordres de Dagobert,
se rattachait mal aux anciennes maçonneries. Formée
non pas d'une masse de béton homogène, mais de
pierres de dimensions différentes reliées par un mortier de qualité médiocre, elle menaçait de s'écrouler
de nouveau.

« Mais, ajoutait Eginhard, il serait possible de réparer le mal en consolidant les constructions en
mauvais état, remplaçant celles qui n'étaient plus
assez solides et en convertissant l'ensemble en un
système de défense contre les attaques venues par
eau.

« Dans l'axe des arches, à une certaine distance en
avant, s'élèveraient des piles en pierre ou simplement des pieux enfoncés au fond de l'eau, formant
un chenal qui gênerait les mouvements des bateaux,
les obligerait à une manœuvre difficile retarderait leur
marche, et les laisserait exposés aux coups dirigés
contre eux du haut du pont.

« Le pont ne pouvait être attaqué par eau : il faudrait
tenter un débarquement que les troupes locales suffi-
raient toujours à empêcher.

« Le travail urgent, nécessaire, était donc la réparation du pont, sa mise en état au moyen de travaux de
conservation, et la création d'obstacles propres à
gêner la marche des assaillants. Eginhard demandait
l'avis de son seigneur et maître avant de les ordonner. »

L'approbation du souverain fut promptement accordée, les ordres nécessaires furent expédiés, et on put croire que le pont de la Vaona allait être préservé de la ruine. Mais, à cette époque, les entreprises de travaux publics mettaient longtemps à se réaliser. D'autres préoccupations détournèrent Eginhard du travail qu'il avait projeté. Les parties basses du fleuve, considérées comme les plus menacées, furent efficacement défendues ; mais celles au contraire qui, comme la vallée de la Vaona, se trouvaient à l'intérieur, éloignées des frontières et de l'embouchure des fleuves, furent négligées elles n'étaient pas exposées à un danger immédiat. On exécuta bien quelques réparations provisoires et on attendit.

Or, déjà, sous Charlemagne, le provisoire durait longtemps en France, la mort, qui elle n'attend pas, frappa le grand empereur (814), et son œuvre immense ne lui survécut pas longtemps.

C'était en l'année 842 ; un chaud soleil de juin brillait sur les bords de la Vaona, où se pressait un grand concours d'hommes d'armes et de guerriers qui entouraient ou accompagnaient trois seigneurs arrivés par des points différents. Tous trois laissèrent leur escorte sur la rive et passèrent en bateau dans une petite île qui dominait la rivière de ses grands arbres touffus.

Ces trois seigneurs étaient Lothaire, Louis et Char-

les, qui venaient se partager l'héritage de Louis le
Débonnaire et couronner le démembrement de l'empire en jetant les bases du traité de Verdun.

L'année suivante, le partage était fait. Louis gar-
dait les provinces de Germanie et, sur la rive gauche
du Rhin, Mayence, Worms et Spire ; Lothaire avait la
Gaule orientale, limitée par la Meuse, le Rhin, les
Alpes, la Saône et le Rhône jusqu'à son confluent avec
la Saône, et le pays compris entre la Meuse et l'Escault.
Charles avait le reste de la Gaule, la Biscaye, les marches d'Espagne au delà des Pyrénées, et l'ancienne
Aquitaine.

Lothaire, dont les nouveaux états avaient, d'un
côté, la Vaona pour limite, voulut se servir de la
rivière comme moyen de défense et comme une barrière à opposer aux attaques qui pourraient être dirigées contre son territoire.

A cet effet, il fortifia les points faibles et détruisit
le pont de la Vaona, qui pouvait faciliter le passage
de la rivière.

Le pauvre pont s'abîma donc un beau jour dans
le fond de la rivière, ne laissant debout que deux piles
de l'arche de la rive gauche. Rien ne put ébranler
ces piles, et, aujourd'hui encore elles sont debout,
élevant au-dessus des eaux leurs têtes noircies qui
se détachent sur le fond vert des prés ; à leur base se
brise le courant formant un remous dangereux, très
redouté des baigneurs et des bateliers.

VII

LES PONTS MOYEN AGE

Les hommes et les choses au commencement
du moyen âge.

Les Francs, les Visigoths, les Bourguignons, les Saxons, les Lombards, n'avaient pas, comme les Grecs et les Romains, le sentiment de la patrie.

Ils ne comprenaient pas les idées de gouvernement ou de cité, et n'étaient que des conquérants.

Quand ils quittaient la vie errante pour s'implanter sur un sol conquis, le sol sur lequel ils s'implantaient ainsi devenait la patrie.

Les tribus et leurs chefs restaient libres et indépendants; ils se défendaient eux-mêmes, avec leurs propres forces, sans demander aide et secours aux voisins.

C'est de l'entente de tous ces chefs, c'est de l'hérédité donnée à leur pouvoir, qu'est née la France féodale.

Aucun système de gouvernement n'a laissé, en France, de plus détestables souvenirs; les gouverne-

ments théocratiques ou aristocratiques, eux mêmes,
sont moins impopulaires.

Le gouvernement théocratique est basé sur une
communauté de croyances entre les divers éléments
de la nation. Les prêtres placés à la tête, les sujets
placés en bas, ont entre eux un lien d'égalité religieuse.

Dans un gouvernement aristocratique, les seigneurs
dont la réunion représente le pouvoir central n'ont
pas tous une parfaite conformité de vues. Parmi eux,
se forme une opposition toute prête à croire et, surtout, à faire croire qu'elle va s'opposer aux excès de
pouvoir, et soutenir les faibles contre le fort.

Dans le régime féodal, au contraire, on ne voit
qu'un chef élevé si haut qu'il se croit au-dessus du
genre humain et peut à peine abaisser ses regards
sur les sujets soumis à son caprice, à sa volonté
despotique et inattaquable.

L'an mil était passé depuis longtemps. Malgré
les sombres prédictions qui avaient annoncé sa fin,
le monde était resté debout.

Le fils, le petit-fils et l'arrière petit-fils de Hugues
Capet se sont succédés sur le trône. Pendant tout ce
temps, la France n'a pas d'histoire propre ; elle est
morcelée, partagée entre une foule de seigneurs indépendants que des liens irréguliers et mal définis rattachent à l'un d'entre eux, appelé roi. Chaque province a son existence distincte et personnelle.

Un grand événement devait, cependant, à la fin du

douzième siècle, réunir ces éléments épars, les faire agir sous une direction unique, leur donner une impulsion commune.

Les croisades enflammaient d'une ardeur jusqu'alors inconnue tout le monde catholique. Le peuple, le clergé et la noblesse se réunissaient pour courir en orient délivrer les saints lieux de la présence des Musulmans.

La longue période écoulée depuis la chute des Carlovingiens jusqu'à l'époque des Croisades ne fut pas favorable à la création des grands centres de population, et au développement de ceux qui existaient.

Les seigneurs élevaient, au milieu de leurs terres, le château fort derrière lequel ils trouvaient un abri sûr. Leurs tenanciers venaient chercher, près des murs d'enceinte du château, une protection qu'ils payaient toujours très cher. C'était une agglomération informe, faite au hasard, et rien, dans cet ensemble, ne constituait les éléments d'une ville ou d'un bourg. La crainte d'une attaque toujours possible, les dangers continuels et sans cesse renaissants, les ressources bornées des habitants, toujours exploités par de plus forts, restreignaient singulièrement la prospérité publique, empêchaient l'accroissement des fortunes et les moyens d'action des individus.

Le pays à travers lequel coulait la Vaona, le lieu où s'élevait Cita-Narga, sont bien différents de ce que nous les avons vus autrefois.

Fig. 15. — Aspect de la campagne, de la rivière et de la ville vers 1200.

A la place du camp romain, détruit lors de l'invasion des barbares, se dresse un château fort. Les tours, les murailles de son enceinte se voient de loin. Le sommet de son haut donjon est bien connu des bateliers qui naviguent sur la Vaona, appelée maintenant la Vayone. C'est pour eux un point de repère, un signal convenu. Quand les barques descendent ou remontent la rivière, pour échanger les produits de l'est et du midi, elles s'arrêtent toujours au pied de la forteresse. Les marchands et colporteurs, venus de l'Italie et de la Suisse, s'y reposent de leurs fatigues, y font bonne chère en buvant les bons vins que produisent les vignes dont les coteaux environnants sont couverts.

Malgré la dureté des temps, malgré l'incertitude qui régnait dans les esprits et les choses, la contrée autrefois occupée par les Gaulois et par les Romains était dans une situation si heureuse, si favorable, que peu à peu s'étaient élevées, entre le château et la rivière, d'abord quelques masures, puis toute une série d'habitations formant un village devenu bien vite une petite ville nommée Échavayone, d'un vieux mot qui, dans le patois du pays, signifiait halte sur la Vayone (fig. 16), puis, par abréviation, Chavayone.

La prospérité et l'importance de la petite ville se seraient rapidement accrues sans les exactions de toutes sortes, les impôts exagérés, sans cesse renouvelés, que prélevait, sur ses tenanciers, le baron Gauchard, seigneur de la province.

En échange de ces redevances, leur seigneur, il est

vrai, les couvrait de sa protection, et les défendaït à l'aide de ses hommes d'armes et des puissantes murailles de son château, derrière lesquelles, en cas de danger, ils trouvaient un sûr abri.

Ce seigneur, dont l'autorité s'étendait des rives de la Vayone au comté de Sagny et à l'abbaye de Saint-Philibert de Bournus, relevait du duché de Bourgogne. Il avait droit de haute et basse justice; son autorité était solidement établie, et il la maintenait à l'aide de moyens énergiques : le fer, la corde et le bâton.

Ses goûts de dépense, ses habitudes de vie fastueuse, l'obligeaient à avoir recours fréquemment à des expédients irréguliers pour obtenir de ses tenanciers, n'importe de quelle façon, l'argent dont il avait besoin.

Ces nouvelles taxes n'étaient pas toujours acceptées sans murmures, et les hommes d'armes du château avaient dû, plus d'une fois, descendre en ville afin d'y réprimer une émeute ou empêcher des désordres.

Depuis quelque temps, cependant, les choses allaient mieux, non que les besoins et, par suite, les exigences de Gauchard eussent diminué; mais parce que, grâce à l'adresse et à l'intelligence d'un habitant de la ville, chaque exaction nouvelle de Gauchard était accompagnée d'une concession nouvelle de sa part. Quand il réclamait quelque grosse somme, on lui en offrait la moitié. La colère dans laquelle il entrait alors était prévue, et on cédait sur le tout; mais la somme était difficile à réaliser; il fallait, pour faciliter l'opération, supprimer tel ou tel impôt, autoriser la reconstruction de la cathédrale, concéder un terrain vague qui permettait à la ville de s'agrandir, accorder quelque privilège à une corporation, etc....

Le baron était obligé de consentir; il le faisait de mauvaise grâce, du reste. Ce n'était pas, cependant, un méchant homme; mais il était de son temps; il en avait les qualités, et surtout les défauts.

Loyal, brave et courageux, il était, en même temps, ignorant, brutal et grossier. Dissipateur et sans ordre, il mangeait son blé en herbe, et les bourgeois de Chavayone qui passaient pour ses victimes ne faisaient pas, en somme, marché de dupes, et en avaient pour leur argent.

Ces bourgeois avaient à leur tête un aubergiste nommé Talvas, finaud, adroit et jovial, comme un vrai Bourguignon.

Sa maison, située au bord de l'eau, presque à l'endroit où autrefois la voie romaine rejoignait le pont du préfet Nargus, occupait une situation des plus favorables. Pas un colporteur, pas un roulier ne passait devant le seuil hospitalier de l'auberge sans le franchir. Les bateliers, eux aussi, savaient bien sur quelle rive ils devaient aborder pour trouver à la fois bon vin et bon gîte.

A certaines époques de l'année, un grand concours de marchands, venus par terre et par eau, se réunissaient à Échavayone. Des réunions de ce genre, la plus connue était celle de la Saint-Jean. Pendant trois

jours, on vendait des peaux ; pendant trois jours, des
chevaux ; pendant trois jours, des étoffes ; pendant trois
jours, du vin et des épices. Durant tout un mois, l'auberge était trop petite. Talvas, sa femme et sa fille,
la jolie Herlette, ne pouvaient suffire à satisfaire
tous les clients, à répondre à toutes les demandes.

Talvas était la forte tête de la ville ; grand, solide,
les lèvres rouges, les joues colorées, le regard vif,
il avait aussi la repartie prompte, était un gai, un
joyeux compagnon. Bourguignon salé, il buvait sec et
ne s'effarouchait pas d'un propos leste.

Talvas était ambitieux ; il ambitionnait la fortune
pour l'influence qu'elle devait lui donner. Il rêvait
d'entrer en lutte avec son seigneur et de lui arracher
autre chose que de mesquines concessions, obtenues
à grand'peine au prix de lourds sacrifices.

C'était là, sans contredit, une louable ambition,
et ce qui prouve que Talvas n'était pas un sot, c'est
que, non seulement il avait un but, mais qu'il savait
comment s'y prendre pour l'atteindre, et quels moyens
il devait employer pour réussir dans son entreprise.

Tous les voyageurs, tous les marchands, traversant la Vayone, s'arrêtaient bien à son auberge ; mais
la Vayone était, pour beaucoup, une barrière, un gros
obstacle, parfois difficile à franchir ; aussi, tous ne
le franchissaient-ils pas. Ceux qui venaient par la rive
gauche ne passaient pas toujours sur la rive droite.
La rivière était grosse, la rivière était gelée ; il faisait
nuit et la traversée paraissait dangereuse ; ils continuaient leur chemin. Combien d'autres ne venaient

pas jusqu'à la Vayone et gagnaient les Alpes à travers la Franche-Comté, sans passer par la Bourgogne. Puis, les moines de l'abbaye de Bournus avaient converti en auberge une partie de leur couvent. Leurs indulgences étaient aussi renommées que leur vin, et ils vendaient les unes avec l'autre.

Un pont, c'est-à-dire un passage sûr, certain, ouvert en toutes saisons, à toute heure du jour et de la nuit, remédierait à tous ces inconvénients, amènerait, chez Talvas, les voyageurs des deux rives, et remplacerait les mauvais bateaux qui, à grand'peine, passaient la rivière et coulaient à fond de temps en temps.

Ce pont, c'était l'auberge toujours pleine ; c'était « une Saint-Jean » continuelle, et Talvas regardait l'escarcelle pendue à son côté, la voyant déjà gonflée d'écus (fig. 16).

Il avait fait comprendre aux habitants de la ville quels avantages présenterait, pour eux, la construction de ce pont. L'accroissement du nombre des voyageurs, de marchands et d'acheteurs, devait amener forcément un accroissement de dépenses et de recettes. Les vins récoltés à Échavayone et dans les environs s'expédieraient plus facilement en Suisse et en Allemagne. Les produits de l'industrie naissante du pays trouveraient des échanges plus sûrs, plus prompts. On verrait affluer à Chavayone les pelleteries, les métaux, les animaux importés des contrées voisines.

Ces différents points ne rencontraient pas de contradicteurs ; mais, où les avis étaient partagés, c'était sur les moyens à employer pour mener à bonne fin une entreprise aussi lourde et aussi difficile pour ce temps-là que la construction d'un pont.

La dépense était le moindre obstacle à vaincre. Les ressources de la ville, quoique dissimulées avec soin, n'en n'étaient pas moins abondantes. Le Bourguignon est économe et sait, à propos, employer son argent. Pas un habitant, du reste, n'eût hésité à s'imposer les plus lourds sacrifices pour arriver à la réalisation d'une entreprise jugée, avec raison, comme éminemment favorable aux intérêts de tous.

La grosse difficulté, c'était Gauchard, le baron, le seigneur, pour qui la construction d'un pont était chose nouvelle et, par conséquent, déplaisante, et qui ne verrait, dans ce pont, aucun profit, aucun avantage personnel.

Une fois, pourtant, Talvas s'était cru sur le point de réussir. Gauchard, cherchant à battre monnaie, s'était, pour obtenir une grosse somme, engagé à diminuer la taxe que payait le sel débarqué dans le petit port de Chavayone. Talvas se promettait, au dedans de lui, de faire substituer au dégrèvement promis l'autorisation de construire un pont. Malheureusement, l'abbé de Saint-Philibert de Bournus intervint, déclarant que lui seul avait le droit de percevoir un impôt sur le sel débarqué sur les deux rives de la Vayone.

Gauchard, poussé par Talvas, manifesta un moment l'intention de passer outre ; mais, à quelque temps de là, étant entré dans l'abbaye de Saint-Philibert pour y faire ses dévotions, il en fut violemment expulsé comme spoliateur du bien des pauvres.

Cette sorte de mise en demeure, un peu vive, il est vrai, mais bien dans les mœurs de l'époque, avait donné à réfléchir à Gauchard, et l'avait fait changer

Fig. 16.

d'avis. Il ne se sentait pas de force à entrer en lutte avec un abbé crossé et mitré, bien qu'il fût baron et pût s'abriter derrière les bonnes et solides murailles de son château fort.

La tentative avortée n'avait pas découragé Talvas. Il se recueillait et attendait qu'une autre occasion plus favorable se présentât. Il cherchait à la faire naître et ses efforts étaient vains, quand elle surgit, tout à coup, d'une façon imprévue sur laquelle il ne comptait certes pas.

Les grands effets sont souvent amenés par de petites causes ; de même, les grands efforts ont souvent pour résultats de bien petits effets.

Certes, Philippe-Auguste se croisant, en 1190, pour aller en Palestine avec Richard Cœur-de-Lion, ne pensait guère que, grâce à son entreprise, un brave aubergiste bourguignon trouverait le moyen de réaliser ses désirs.

VIII

Le roi de France s'était croisé; il avait convoqué le ban et l'arrière-ban de sa noblesse, et se disposait à marcher, à sa tête, à la conquête de la Palestine.

Gauchard de Chavayone, autant par foi religieuse que par esprit d'aventure et par ennui, ce grand mal de la noblesse de cette époque, fut un des premiers à répondre à l'appel de son suzerain. Le rendez-vous était à Vezelay, d'où les Croisés devaient aller s'embarquer à Gênes.

Le baron s'était engagé un peu inconsidérément; le manque d'argent arrêta son bon vouloir : sa bourse était vide. Il s'adressa aux habitants de Chavayone pour obtenir d'eux l'argent nécessaire à l'armement de cent hommes d'armes et de dix chevaliers. Il leur demanda, en même temps, la somme dont il avait besoin, comme « argent de poche », pour faire face aux frais d'un aussi long voyage, d'une campagne pénible et difficile.

La ville s'était accrue, sa prospérité augmentait chaque jour, grâce à sa situation et à l'esprit industrieux de ses habitants, en sorte que les sacrifices que voulait lui imposer son seigneur n'étaient pas hors de proportion avec ses ressources. Mais les habitants étaient trop adroits pour céder de suite à la demande qui leur était adressée. Ils voulaient, au contraire, dissimuler, le plus possible, les moyens dont ils disposaient.

Ils se réunirent donc à la cathédrale qu'ils venaient de faire reconstruire, et nommèrent une délégation de vingt membres chargés de se mettre en rapport avec le baron et d'obtenir de lui, d'abord, s'il était possible, une réduction sur ses demandes, ensuite, comme dernière ressource, la concession d'un privilège proportionné à l'importance du service rendu. Ce privilège n'était pas autrement désigné, chacun se réservant de faire prévaloir, au moment opportun, celui qui pouvait le plus favoriser ses intérêts particuliers.

Talvas fut élu chef de la délégation. Il avait pris ses dispositions en conséquence, et il résolut de profiter de l'occasion favorable qui se présentait, enfin, d'arriver à la réalisation de son projet. Il usa de son influence sur les autres membres de l'assemblée, et manœuvra si bien qu'il les amena tous à partager sa manière de voir.

D'accord sur l'objet de leurs désirs et sur la marche à suivre pour en obtenir la réalisation, les vingt délégués se rendirent au château et furent mis en présence du baron. Ils lui offrirent d'équiper, à leurs frais, cinquante hommes d'armes, cinq chevaliers, et de lui remettre, en outre, l'argent nécessaire aux frais de la campagne. Ils lui demandèrent, en échange, d'être autorisés à construire, sur la Vayone, un pont reliant ses deux rives.

Talvas était un peu ému en prononçant son discours. L'effet que produisaient ses phrases sur la figure du baron était aussi désastreux qu'inattendu. Il en était troublé et embarrassé. Il continuait, cependant, faisant valoir les avantages qui résulteraient de la construction de ce pont, non seulement pour la ville, mais pour le pays environnant, tout entier. Puis, il changea de sujet, célébrant, par avance, la gloire qu'allait conquérir le baron, en guerroyant contre les infidèles. Mais il ne put, dans cet ordre d'idées, aller bien loin : le baron s'était levé brusquement, l'interrompant du geste, et frappant, de la paume de la main, le bras de son siège :

« Par la splendeur de Dieu! mes maîtres, vous êtes des mécréants sans foi ni loi, de venir me faire pareille proposition! Vous êtes des sujets félons que je saurai châtier comme ils le méritent! Je réclame de vous des biens que je pourrais prendre suivant mon bon plaisir, et vous ergotez, et vous marchandez! Je vous demande de m'aider dans l'entreprise que je tente pour la gloire du Christ, pour délivrer son temple de l'oppression des hérétiques, et, au lieu de venir, humbles et soumis, m'apporter vos biens et m'offrir vos personnes, vous me faites des conditions! Des conditions de vous à moi! Des conditions dont la réalisation, si je les acceptais, ruineraient mon autorité, ouvriraient l'entrée de mes terres aux aventuriers de tous les pays, donneraient aux moines de Saint-Philibert libre accès chez moi, et les mettraient à deux pas de mon château! Non, par le Ciel! il n'en sera pas ainsi! Allez reporter mes paroles à ceux qui vous ont envoyés, et dites-leur que demain, que ce soir, ils aient à venir à merci ; autrement, mes hommes d'armes descendront dans cette ville de rebelles, et en rapporteront plus que je ne demande. Ils feront leur part et la mienne, et elles seront belles, je vous assure, car il faut que vous soyez riches, mes maîtres, pour offrir d'équiper ma troupe et vous engager à construire un pont! »

Les envoyés se retirèrent d'une façon moins brillante qu'ils n'étaient entrés et, quand ils eurent franchi le pont-levis du château, tous à la fois, ils poussèrent un gros soupir de soulagement.

Une fois libres, leur premier soin fut d'accabler Talvas d'injures, et de lui reprocher l'aventure dans laquelle il les avait entraînés. Les plus violents étaient, bien entendu, ceux-là mêmes qui, peu auparavant, s'étaient montrés les plus ardents, les plus empressés à suivre Talvas. Il est probable que si cette exécution eût été de nature à calmer la colère du baron, Talvas eût été sacrifié et eût, ce soir-là, couché au fond de la rivière. Mais lui, en homme sage, connaissant le cœur humain, laissa ses compagnons exhaler leur colère, et faire aux habitants accourus à leur rencontre le récit de leur lamentable histoire ; puis, quand l'énergie de tous ces braves gens se fut perdue en paroles ou noyée au fond d'un pot de vin, il les endoctrina de nouveau et sans peine grâce à son sang-froid, il reprit son influence sur eux; il sut relever leur esprit remuant, actif; leur rendre leur humeur batailleuse et souffler dans leur cœur le sentiment de la révolte.

Bientôt, avec la mobilité du caractère bourguignon, ils sont décidés à la résistance et se montrent résolus à tenir tête à l'arrogant seigneur qui les menace!

Des barricades s'élèvent rapidement à l'entrée de la grande rue et de la rue des marchands. Des chaînes sont tendues en travers des rues transversales, des armes distribuées à tous les hommes valides, et des émissaires, traversant la Vayone à la nage, vont prévenir l'abbé de Saint-Philibert des événements survenus, lui demandant aide et protection.

La nuit se passa au milieu de tous ces préparatifs. Au matin, un hérault d'armes se présenta, invitant Talvas et ses compagnons à retourner au château. Talvas n'y consentit qu'après que cinquante hommes désarmés eussent été envoyés à Chavayone comme ôtages. Cette condition remplie, il reprit le chemin du château et se retrouva bientôt dans la grande salle qu'il avait quittée la veille, d'une si humiliante façon.

Gauchard comptait trouver des bourgeois timides et craintifs; il trouva au contraire des hommes fiers, audacieux, disposés à la résistance et non à la soumission. Cette attitude, à laquelle il était loin de s'attendre, ne fit que l'encourager dans ses nouvelles intentions.

Il avait réfléchi qu'au moment de quitter ses terres, d'abandonner pour longtemps sans doute sa femme et ses deux jeunes fils, il était au moins imprudent de sa part de s'aliéner ceux qui, en son absence, devaient protéger les siens, défendre son territoire et développer les sources de sa fortune.

Une autre considération, d'un ordre moins élevé, mais qui, peut-être, le touchait encore d'avantage, avait contribué à modifier sa manière de voir. Il pensait pouvoir, sans inconvénient, accorder aux bourgeois de Chavayone le droit de construire un pont, jugeant qu'ils seraient très empêchés de profiter de son bon vouloir, et qu'ils ne sauraient comment s'y prendre pour mener à fin une si grosse affaire.

Dans ces conditions, l'entente s'établit facilement entre le seigneur et les habitants de la ville.

Le baron Gauchard, seigneur de Chavayone, de Forgeuil et autres lieux, alla, l'escarcelle bien garnie, retrouver son suzerain. Il était à la tête d'une belle troupe d'hommes bien équipés et bien armés. Il s'embarqua à Gênes, débarqua en Palestine, et guerroya le plus qu'il put contre les infidèles.

Plus d'une fois, les jours de repos, il ne put s'empêcher de sourire en pensant aux bons bourgeois de Chavayone et à leur pont.

Une justice à lui rendre, c'est qu'il ne lui vint pas

une fois à la pensée qu'il lui serait facile de faire
démolir le pont si, par hasard, il avait été construit.
Sa parole était engagée, et rien ne pouvait le lui faire
oublier.

Philippe-Auguste eut bientôt assez de la terre
sainte; il laissa Richard Cœur de Lion continuer
l'œuvre commune et, dès l'année suivante, revint
dans son royaume.

Gauchard le suivit de près. Il s'attarda forcément
en route, tomba malade en Provence, et, enfin, rentra dans sa baronnie.

L'effectif de la petite troupe était singulièrement
diminué. Les hommes qui survivaient n'en étaient
que plus fiers, malgré leurs vêtements en lambeaux
et leur équipement en piteux état. Ils remontaient le
cours de la Vayone devisaient gaiement, heureux de
revoir leur pays et leurs familles.

Au dernier détour de la rivière, ils découvrent à
la fois le donjon et la ville, et les saluent de leurs
joyeuses acclamations. Puis, regardant un peu plus
bas, spectacle dont ils peuvent à peine croire leurs
yeux, ils aperçoivent, en travers de la Vayone, un
pont magnifique construit en pierres et formé de cinq
arches se mirant dans l'eau.

Le baron s'arrête, se dresse sur ses étriers, regarde longtemps pour bien s'assurer qu'il n'est pas
dupe d'une illusion, fait une très laide grimace,
et bien que croisé, jure comme un païen.

Ne voulant pas traverser ville, il prend à travers

champs et rentre dans son château en toute hâte, tant était grand son désir d'être mis au courant des événements survenus en son absence.

Il ne pouvait comprendre comment ces bourgeois, ces artisans, lourds, gauches et maladroits quand il fallait porter une armure ou tenir une lance, avaient pu mener à bonnes fins une entreprise, aussi difficile, aussi compliquée que lui paraissait celle de la construction d'un pont.

IX

Voici ce qui s'était passé.

A peine le dernier homme de la troupe de leur seigneur avait-il disparu, que Talvas traversait la Vayone et se rendait à Bournus, auprès de l'abbé de Saint-Philibert. Il lui raconta ce qui venait d'arriver et lui demanda son avis.

L'abbé comprit bien vite les avantages que pouvait lui offrir la réalisation du projet de Talvas, et le parti qu'il pouvait tirer d'un homme aussi actif et entreprenant. Il le dépêcha à Maupas, dans le diocèse de Cavaillon, où, depuis 1164, avait pris naissance la confrérie des frères hospitaliers, pontifes.

Benezet[1], qui n'était pas encore canonisé, et n'était alors que chef de l'ordre, accueillit favorablement Talvas et sa requête; et, après l'avoir entendu, partit avec lui, accompagné de vingt frères qui devaient former des ouvriers et diriger l'exécution des travaux.

1. Le constructeur du pont d'Avignon

Ils arrivèrent bientôt tous à Chavayone et les études
préliminaires commencèrent sans retard.

Les barbares, en envahissant l'empire romain,
n'avaient apporté, avec eux, aucune notion sur les
arts, aucune idée sur les systèmes de construction.
Leur but, du reste, n'était pas de construire, mais
bien de détruire, et, comme ils trouvèrent debout les
édifices romains, ils ne cherchèrent pas à les remplacer, jugeant plus simple et plus facile de s'en
servir tels qu'ils étaient, ou de les détruire, s'ils ne
pouvaient en tirer parti. Ils ne furent donc, à aucun
titre, des constructeurs, comme l'ont été les Grecs et
les Romains. Ceux-ci, en effet, en obéissant à des
principes opposés, en mettant en œuvre les matériaux
qu'ils employaient au moyen de procédés leur appar-
tenant en propre, à chacun en particulier, ont pu
satisfaire aux besoins de civilisations différentes;
résultat que les barbares n'ont jamais ni atteint, ni
cherché à attendre.

Les monuments mérovingiens et carlovingiens rappellent bien les souvenirs romains; mais ce sont des
œuvres inférieures, de grossières imitations de constructions restées debout sur le sol conquis. Sous Charlemagne on constate cependant des tentatives faites
pour réagir contre l'ignorance des siècles précédents.
Le grand empereur eût, certainement, voulu faire
revivre les arts romains et en renouer la tradition.

Les éléments lui firent défaut, le sentiment artistique était mort autour de lui. Ses relations avec l'Orient, avec la Lombardie, avaient développé en lui une aspiration et un désir qu'il ne put satisfaire à l'aide des éléments dont il disposait. Il dut réclamer le concours d'artistes et d'ouvriers venus de ces contrées et apportant des méthodes différentes de celles de la donnée antique. C'est de cette époque que datent l'essort nouveau donné aux œuvres d'architecture et les progrès qui, depuis, s'accusèrent et suivirent une marche lente, il est vrai, mais sûre et régulière.

L'époque du moyen âge n'était pas favorable au développement des idées nouvelles, aux transformations nécessaires que devaient subir les procédés de construction et les formes jusqu'alors acceptées. Le trouble régnait dans les esprits; chaque province, séparée de sa voisine par le régime féodal, employait, pour elle seule, ses ressources en matériaux et en ouvriers. Les moyens si puissants dont avaient disposés les Romains faisaient alors défaut.

Les voies romaines n'existaient plus; par suite du manque de communications, le transport des matériaux des lieux de production aux lieux d'emploi était impossible; plus d'ouvriers habiles; plus de chefs expérimentés. Les hommes, uniquement occupés à se battre, tantôt pour se défendre, tantôt pour attaquer, ignoraient la connaissance des diverses professions utilisées dans les travaux de construction.

Le constructeur devait donc suppléer aux aides qui lui faisaient défaut. Il manquait de bras, de ressources pécuniaires, de moyens de transport, de voies de communications, d'outils, d'engins, et ne pouvait employer que les matériaux trouvés sur place. Il devait donc être, à la fois, le bras qui exécute et la tête qui pense.

Malgré ces difficultés qui paraissent insurmontables, les monuments que nous a laissés le moyen âge sont des œuvres réfléchies, raisonnées, sages et logiques dont la structure, plus encore que la forme, mérite notre admiration.

Ces résultats obtenus à une époque aussi troublée, avec des moyens d'action aussi limités, nous étonnent à juste titre et, pour comprendre comment ils ont pu se produire, il faut se rappeler qu'à côté de la société civile, toujours inquiète, en proie aux dissensions et aux luttes, s'était formée une société religieuse dont l'organisation devait, jusqu'à un certain point, produire les mêmes effets que ceux obtenus par les Romains.

Les ordres religieux pouvaient, en effet, réunir un nombre considérable de travailleurs, les instruire, les initier à l'exercice de métiers utiles dans les constructions, et créer ainsi un personnel qui, suivant les besoins, se transportait d'un point à un autre. Les différents couvents d'un même ordre religieux étaient tous en relations entre eux; leurs rapports étaient suivis et étendaient leur influence. Ils profitaient ainsi des efforts tentés en d'autres pays, condition avantageuse au développement et au perfectionnement des idées humaines. C'était une source de richesses soigneusement amassées et augmentées, et c'est grâce à ces richesses que les ordres religieux purent défricher des bois, cultiver des terres, tracer des routes, ouvrir des carrières, créer des écoles d'artisans, élever des monuments et s'emparer des domaines dont les seigneurs laïques se trouvèrent, peu à peu, dépossédés.

C'est ainsi que, dès le onzième siècle, l'art de construire abandonna la tradition barbare et les souvenirs romains, pour se transformer, grâce aux efforts et à l'impulsion puissante et éclairée des ordres religieux. L'ordre de Cluny élevait des monastères et des églises; l'ordre de Saint-Benezet construisait des ponts : c'est à ce dernier que sont dus le pont d'Avignon et le pont Saint-Esprit, tous deux jetés sur le Rhône dans des conditions difficiles.

Saint Benezet et ses frères arrivèrent donc à Chavayone, conduits par Talvas. Ils s'étaient arrêtés quelques jours à Bournus pour y recruter quelques frères manœuvres, et fabriquer, dans les ateliers de l'abbaye, des outils et des engins qu'à cause de leur poids et de leur volume, ils n'avaient pu apporter de Cavaillon.

La méthode romaine consistait, avons-nous dit, à employer, dans les constructions, des masses énormes de béton revêtues de gros blocs de pierre de taille ou de briques.

Les constructeurs romans, en construisant, dans les pays où abondent les pierres dures, de grandes dimensions, avaient, au début, suivi le mode de construction des Romains. Ils formaient le revêtement de leurs maçonneries de dalles posées à joints vifs, de façon à obtenir l'apparence des constructions romaines ; mais les ruptures, les ruines prématurées, les accidents de toutes sortes, leur montrèrent bientôt qu'ils s'étaient contentés d'une vaine apparence. Ils changèrent, alors, de procédés, pour en employer un qui fût en rapport avec les moyens dont ils pouvaient faire usage.

Saint Benezet avait beau être à la tête d'un ordre riche et puissant, il ne disposait pas de moyens assez efficaces, d'ouvriers assez nombreux, pour transporter à distance de gros blocs de pierre, ni pour construire des masses de maçonnerie semblable à celle des Romains. Il dut se contenter d'élever des points d'appui solides et résistants, reliés par des murs de remplissage. Les points d'appui furent formés de pierres de petit appareil, de dimensions faciles à remuer et à transporter ; et, afin de rendre les parements solidaires, des longrines (chaînes en bois) les rattachèrent l'un à l'autre.

Une fois ce principe général admis, saint Benezet l'appliqua de la manière suivante au pont de la Vayone.

La rivière fut divisée en cinq parties répondant au nombre des arches que l'on voulait établir, et c'est aux dépens de la largeur de ces divisions que fut pris l'emplacement des piles destinées à supporter ces arches.

Une très forte section fut donnée à ces piles ; elles pouvaient ainsi avoir une force de résistance leur permettant de supporter la poussée des arcs, et donner à ceux-ci une stabilité suffisante pour rester debout quand bien même un d'entre eux eût été supprimé par un accident quelconque. C'était, en outre, un moyen de faciliter au constructeur l'accomplissement de sa tâche ; c'était lui permettre de ne pas élever toutes les arches à la fois, et d'utiliser, s'il le jugeait opportun, les mêmes étais pour deux ou plusieurs arches. L'expérience fit admettre que 5 mètres étaient nécessaires pour atteindre ce but. Il resta donc encore aux arches, à cause des culées et de la

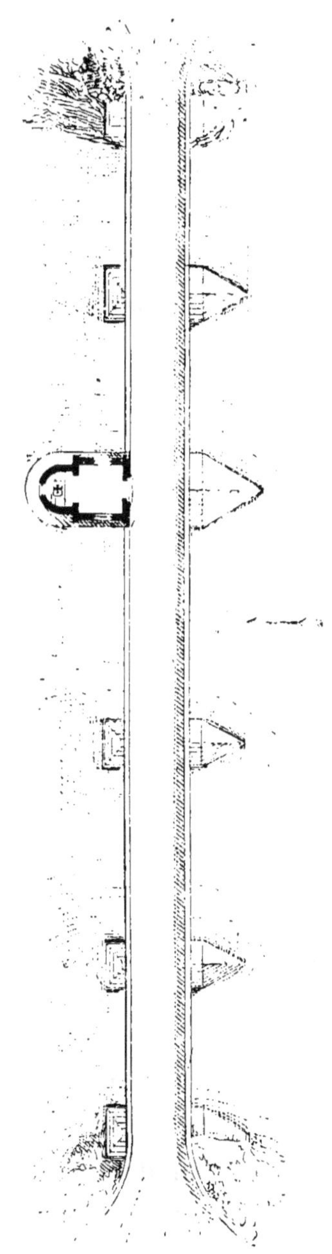

Fig. 17.— Plan du pont moyen âge.

pile centrale, un débouché total de 76 mètres environ, à peu près égal à celui des arches du pont romain, et suffisant pour assurer l'écoulement des eaux et le passage des bateaux. Augmenter cette largeur par la suppression d'une arche eût, du reste, obligé à donner à ces arches une hauteur trop considérable.

Les arches ne devaient pas être voûtées en plein cintre, mais bien en tiers-point, suivant la forme

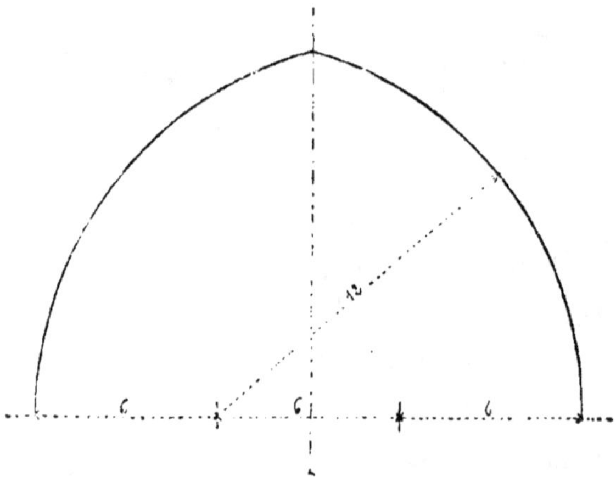

Fig. 18. — Tracé d'un arc au tiers-point.

alors en faveur. Leur hauteur n'était donc pas égale à la moitié, mais aux deux tiers de leur largeur (fig. 18). En prenant pour exemple une arche de 18 mètres, le tablier devant avoir 2 mètres au moins d'épaisseur et l'arc 50 centimètres; la voie du pont se trouvait à 14^{m},50 au-dessus du niveau ordinaire des eaux.

C'était une hauteur supérieure à celle du pont romain qui n'avait été que de 7^{m},20. Aussi, afin de ne pas être obligé de trop surélever, par des rampes, les rives du fleuve, ce qui eût exigé des remblais considérables, Benezet prit le parti de donner à ses arches des largeurs inégales et de baisser ainsi sensiblement la hauteur des arches de rive, celles qui s'appuient sur les culées. Le fâcheux côté de ce procédé était de créer un pont dont le tablier avait une double pente.

Cette disposition, qui serait mauvaise de nos jours, parce qu'elle gènerait la circulation, n'offrait pas alors de graves inconvénients. En effet, par suite du manque de voies de communication, le mouvement des chars et des voitures était presque nul. L'absence de chemins et de routes obligeait à ne voyager qu'à pied, à cheval ou en litière. Dans de telles conditions, une rampe à monter et à descendre n'est pas une grosse difficulté.

Ces conditions permirent de réduire à 5 mètres la largeur du tablier. Cette largeur, qui parut suffisante, fut augmentée plus tard, lors de la transformation du pont, de la surface des refuges ménagés au droit des piles.

Des piles de 5 ou 6 mètres de long n'auraient pu résister à la force du courant; on porta donc cette longueur à 15 mètres, c'est-à-dire à trois fois leur largeur, de façon à leur donner le plus d'assiette possible. Ces piles, terminées du côté du courant par un angle très aigu, coupaient le fil de l'eau sans l'arrêter, et pouvaient ainsi résister à son effort.

Ces premières dispositions étaient à peine arrêtées

que Benezet les modifia. Il augmenta la largeur de
la troisième pile et, par suite, diminua la largeur
de l'arche voisine. Ce changement avait pour but
d'élever, sur cette pile élargie, une chapelle destinée
à perpétuer le souvenir de l'œuvre entreprise.

Cette petite chapelle était en contre-bas du tablier
du pont; on y parvenait en descendant deux marches.
Elle occupait toute la saillie laissée, en cet endroit, à
la pile, et s'élevait beaucoup au-dessus du parapet.
Elle devint, plus tard, un signe de reconnaissance,
un point de repère que les mariniers saluaient de
loin, en montant ou en descendant la rivière.

C'est dans cette chapelle que fut scellée la plaque
commémorative rappelant les noms des fondateurs,
la date de la construction du pont, les noms de ceux
qui avaient coopéré à l'entreprise, et les détails techniques et historiques que l'on croyait pouvoir, de cette
façon, préserver de l'oubli.

L'énorme pile qui supportait cette chapelle ne
pouvait former un massif de maçonnerie plein et
compact; on l'avait évidée, elle présentait, à l'intérieur, une cavité, une cellule, dont le sol, à chaque
crue de la rivière, était au-dessous du niveau des
eaux. Les murs d'enceinte, solides, épais, la rendaient
étanche. Une étroite fenêtre l'éclairait, et son unique
accès avait lieu par la chapelle, en soulevant une dalle
du sol. Ce réduit était destiné à servir de prison aux
malfaiteurs, coupables de quelque grand crime. Au
lieu de les enfermer dans la prison du château, on
les déposait et on les oubliait dans la prison du pont.

Fig. 19. — Coupe et détail des arcs et des piles.

Enfin, comme complément de cette partie du pont, Benezet fit installer, sur le parapet, une cage en fer telle que l'on en voyait sur la plupart des ponts à cette époque, et qui servait d'instrument de torture pour les blasphémateurs.

On enfermait le coupable dans la cage, qu'à l'aide d'une poulie on faisait descendre à la surface de l'eau; on l'y plongeait lentement et graduellement; le coupable disparaissait, mais il était repêché avant que l'asphyxie ne fût complète. On lui laissait quelques instants de répit, et on renouvelait l'immersion un plus ou moins grand nombre de fois, suivant le degré de la faute. Pour les plus coupables, on les laissait sous l'eau jusqu'à ce qu'ils aient trépassé, et on remontait leur cadavre qu'on abandonnait enfermé dans la cage où il servait de pâture aux corbeaux et aux oiseaux de proie.

Quant à la partie technique relative à la construction du pont, elle exige quelques détails.

Benezet se servit, pour établir les fondations, d'un système analogue à celui qu'avaient employé les Romains. Il remplaça seulement les palplanches jointives, ouvrage minutieux et compliqué, par un double rang de pieux jointifs dont l'intervalle fut rempli de terre. On dessécha ensuite l'enceinte ainsi formée, de façon à permettre aux ouvriers de travailler à l'aise.

Le sol était résistant et composé, presque partout, de roches dont les parties supérieures avaient été détruites du temps des Gaulois.

C'est sur ce sol qu'on descendit les fondations des piles. La maçonnerie de ces fondations se composa, comme nous l'avons expliqué précédemment, de pierres de petit appareil, de cailloux noyés dans le mortier, et de chaînes en bois reliant les parements les uns aux autres. Au sommet des piles et des saillies ou becs de ces piles, furent réservés des trous dans lesquels devaient s'introduire des traverses horizontales servant d'appui aux cintres, échafaudages et chemins de service nécessaires à la construction des arches.

Cinq rangs de claveaux (fig. 19) juxtaposés, mais non liaisonnés entre eux et avec la maçonnerie des reins, formèrent les arches. L'intervalle laissé entre les arcs continua le parement des murs et on le recouvrit d'une dalle épaisse, supportant le pavé et formant le tablier du pont.

Cette combinaison offrait l'avantage de laisser aux arcs leur élasticité, et de faciliter l'écoulement des eaux pluviales qui s'infiltrant à travers les pavés, suivaient une rainure creusée dans les dalles, et passaient ainsi entre les arcs, sans dégrader leur extrados. Ces arcs, étant très légers, chargeaient moins les piles et exigeaient moitié moins de matériaux que s'ils avaient occupé toute la largeur du pont.

Enfin, comme complément de l'ouvrage, on installa de chaque côté du pont un parapet en pierre servant de garde-fou.

Le Bourguignon est doué d'une imagination vive,

d'un esprit alerte; il y a dans son tempérament, quelque peu de celui du méridional. Les entreprises hardies ne l'effraient pas et il aborde les difficultés avec une énergie singulière.

Cette observation a son utilité; elle fait comprendre comment Benezet trouva dans cette population les aides dont il avait besoin, et pourquoi les ressources en argent ne lui manquèrent pas.

Le pont, tel que nous venons de le décrire, présentait donc, vers la fin du douzième siècle, l'ensemble indiqué par les figures 20 et 21. Il ne devait pas tarder à être modifié et transformé.

Gauchard, une fois mis au courant des événements survenus en son absence, voulut examiner de près ce pont dont il avait cru la construction impossible, et qu'il voyait cependant, à ses pieds, franchir hardiment la rivière dont il réunissait les deux rives.

Il fut obligé de reconnaître que l'œuvre était bien conçue et heureusement réalisée. Les matériaux employés avaient été extraits des carrières environnantes; ils étaient fermes, bien résistants, bien taillés. Ce pont avait fort bon air. Ses arches pointues se reflétaient dans l'eau, y produisaient de grandes ombres noires, et, au delà, éclairée par le soleil, la rivière accourait gaiement se briser contre les piles, avec un bruit lent, continu et prolongé.

Les barques des plus fortes dimensions passaient, sans encombre, sous les grandes arches, et, sur la rive, l'auberge de Talvas, les fenêtres grandes ouvertes, regorgeait de clients.

Fig. 20. — Élévation géométrale du pont.

En haut, les murs d'enceinte, le donjon, la forteresse découpaient, sur le ciel, leur silhouette triste

Fig. 21. — Les grands arcs.

et sombre. Dans le fond, enfin, disparaissait la Vayone, au milieu d'épais massifs de verdure.

X

Le baron Gauchard n'était pas revenu de Palestine pour admirer un pont construit par des bourgeois et des moines ; il était peu sensible aux beautés de la nature, et les paysages qu'offraient les rives de la Vayone lui étaient connus.

Il ne s'attarda donc pas longtemps en ville, et regagna son château de fort méchante humeur, poussant son cheval droit au milieu des groupes de vilains et manants accourus pour saluer leur seigneur, et malmenant fort ceux qui s'approchaient de trop près.

Ce n'était vraiment pas la peine, disaient ces braves gens, d'aller en Palestine prier sur le Saint-Sépulcre, de se sanctifier en combattant les infidèles, pour se retrouver, après, aussi brutal et aussi orgueilleux qu'avant.

Gauchard n'était ni un esprit éclairé, ni un homme instruit. Semblable à tous les membres de la noblesse de cette époque, il ne savait que, bravement et loyalement, se servir de son épée. La vie aventureuse qu'il avait menée pendant la croisade, ce voyage lointain, les hasards, les changements continuels, le nouveau et l'inattendu de chaque jour, lui faisaient trouver plus monotone et plus fastidieuse la vie qu'il retrouvait dans sa baronnie.

La chasse et les grandes chevauchées en rase campagne étaient ses deux distractions favorites; mais, de quelque côté qu'il dirigeât ses pas, dans les plaines ou sur les collines environnantes, toujours il découvrait la Vayone avec son pont, ce pont dans lequel son intelligence rebelle voyait un désastre pour lui et les siens, une humiliation pour son pouvoir.

Comme, un beau jour, il était monté au sommet de la guette du donjon et que, plein de sombres pressentiments, il regardait au-dessous de lui la campagne, cement et la ville, il sentit une main se poser doucement sur son épaule. Giselle, la belle Giselle, sa noble compagne, triste de la tristesse de son époux, demandait à partager son ennui.

Son esprit de femme, son cœur d'épouse lui avaient, tout à la fois, fait deviner la cause des tourments de son seigneur, et fait trouver le moyen d'y porter remède.

« Pourquoi, mon seigneur, tant de nuages sur votre front, de si noirs soucis au fond de votre cœur? Vous revenez, couvert de gloire, d'une lointaine expédition, vous retrouvez vos sujets dévoués, votre compagne fidèle et, au lieu de vous abandonner au bonheur du retour, à la joie du revoir, votre esprit est sombre, votre âme est triste, et votre bouche ne laisse échapper que d'amères paroles. »

Gauchard l'interrompit et, d'un geste, lui montra, au-dessous d'eux, le pont et l'auberge qui, pour lui, représentaient la ruine et la honte.

Alors, avec le tact, la bonhomie fine et franche des femmes du beau pays de Bourgogne, Giselle entreprit de changer le cours des idées de Gauchard, de lui montrer quel parti il était possible de tirer des circonstances, et comment on pouvait essayer de les faire tourner favorablement.

Le pont semblait au baron un chemin propre à livrer passage à l'ennemi, à faciliter l'accès des terres de la baronnie, une porte toujours ouverte par laquelle, tôt ou tard, passeraient des voisins redoutés. Mais alors pourquoi ne pas la fermer, cette porte, pourquoi ne pas convertir cette prétendue brèche en une redoute avancée qui tiendrait les malintentionnés à distance? Le pont avait été construit et payé par les habitants de Chavayone; il ne pouvait venir à l'idée de personne de ne pas respecter leurs droits; mais le pont était établi sur les terres du baron; il lui appartenait donc.

S'il ne pouvait le détruire sans manquer à la foi jurée, sans oublier les paroles données, il pouvait bien l'ouvrir et le fermer à son gré; c'était de l'intérêt de tous d'en agir ainsi.

Quant à l'auberge, elle prospérait; là il n'y avait donc lieu ni à craintes, ni à alarmes; il était mieux de s'en féliciter; n'offrait-elle pas ainsi une source d'impositions nouvelles, de taxes fructueuses, faciles à percevoir?

« Par la splendeur de Dieu ! madame, votre esprit est sage et vos raisons sont sainement déduites, s'écria le baron ; j'en veux sans retard faire mon profit.

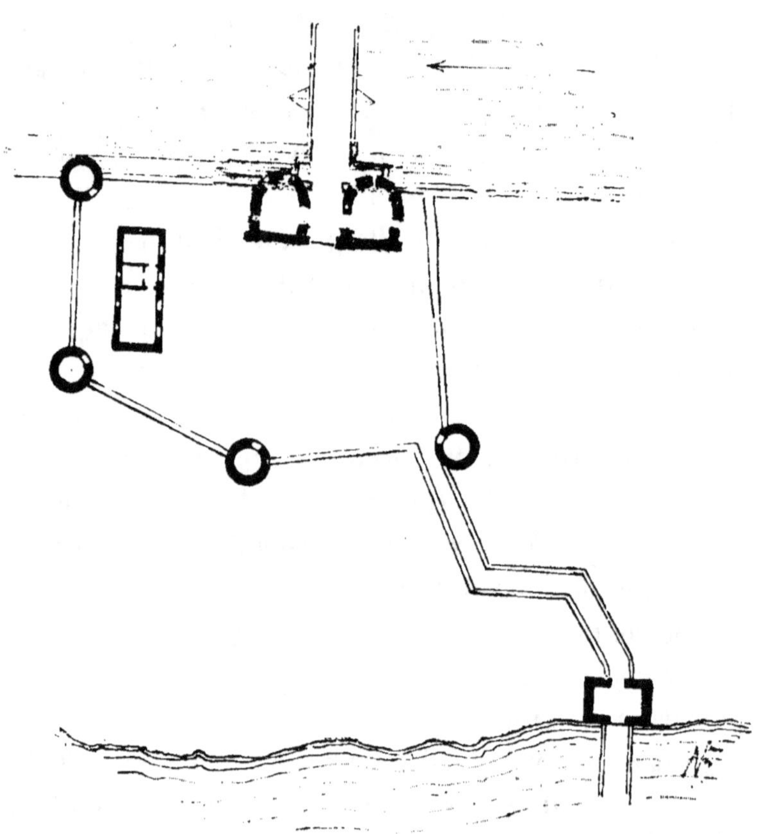

Fig. 22. — Les défenses de la rive gauche.

Le soir même, un écuyer partait pour Lyon, afin de mander le jeune maître Naryeul, qui venait d'acquérir une si juste réputation en construisant les défenses des châteaux de Montaigu et de Naives.

Compère Talvas et ses amis, les habitants de Chavayone, furent, à quelque temps de là, très surpris de
voir des ouvriers occuper le pont et y commencer des

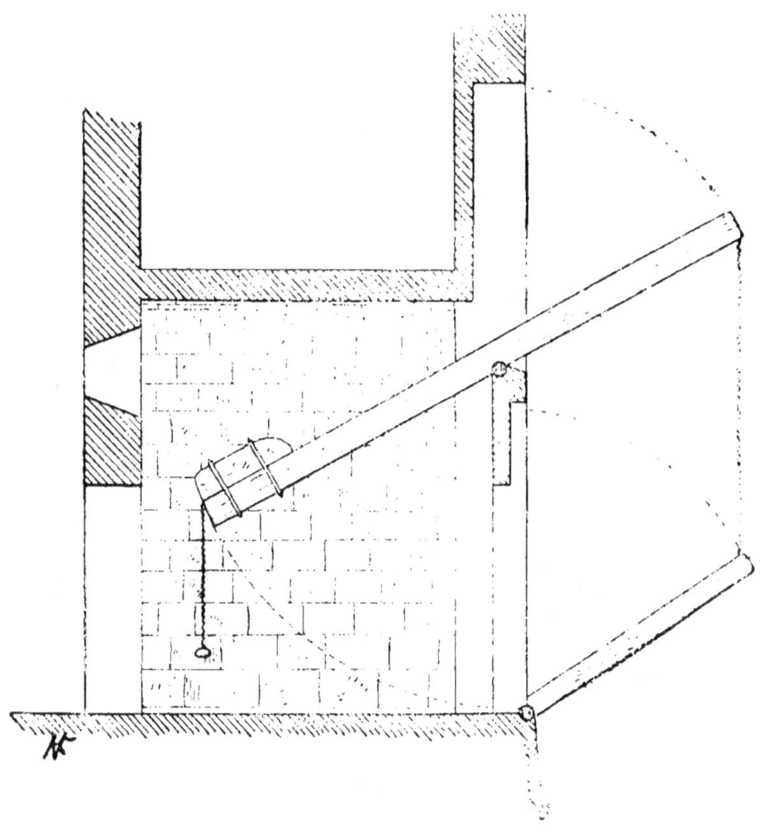

Fig. 25. — Les ponts-levis.

travaux dont ils ne s'expliquaient ni le but, ni l'importance.

Le maître de l'œuvre, le jeune et habile Naryeul,
de concert avec le baron, bien entendu aux choses de
guerre, avait arrêté le système de défense dont il
fallait couvrir le pont pour que, non seulement il ne

constituàt plus un danger, mais pour qu'au contraire il devînt une aide et une protection.

Sur la rive gauche, exposée aux attaques et aux surprises, fut élevée une première enceinte défendant

Fig. 24. — Porte de la rive gauche.

les approches du pont. Cette enceinte formait une vaste cour dans laquelle pouvaient se réunir les hommes d'armes.

On pénétrait dans cette enceinte par une porte unique n'ayant que juste la largeur nécessaire au passage d'un char. De plus, cette porte ne donnait pas directement accès dans les cours; elle en était séparée (fig. 22) par un couloir étroit qui les continuait et présentait une série de lignes brisées, rendant difficile les marches et les mouvements d'une troupe. Des barrières et un pont levis (fig. 23) fermaient ce couloir.

Aux angles de cette cour, des guettes élevées battaient la campagne, et une grosse tour carrée fermait l'entrée du pont à une de ses extrémités (fig. 24) percée d'une porte avec pont-levis. Enfin, entre la cour et la porte proprement dite, était creusé un profond fossé.

On exhaussa le parapet du pont: il fut crénelé, et on pourvut les piles centrales d'échanguettes à l'abri desquelles on pouvait repousser les assaillants venus par eau, et rendre au besoin impossible aux bateaux la traversée du pont.

La chapelle, bien que conservée, perdit son importance, à cause des portes et des tours qui la dominaient.

L'autre extrémité du pont, celle de la rive droite, n'avait pas besoin d'être aussi forte; elle se trouvait moins exposée et pouvait facilement être secourue. Elle fut, toutefois, défendue par une tour carrée pouvant servir de caserne, et fermée par une porte étroite, garnie d'un hourd et de machicoulis (fig. 25).

De leur côté, les habitants de Chavayone, revenus de la mauvaise impression que leur avaient, au début, causé les travaux du pont, comprirent ce qu'ils en retireraient au point de vue de leur propre sécurité et prirent le parti de prolonger les amorces des murs

Fig. 25. — Porte de la rive droite.

d'enceinte autour de la ville, et de relier ces murs
à ceux de la forteresse.

L'ensemble du pont et de ses défenses présenta
alors un aspect formidable, en tout point semblable à
celui que jadis avait offert le pont romain construit par Caïus Nargus. Les formes s'étaient modifiées, mais le but n'avait pas changé et l'aspect général se présentait dans les mêmes conditions.

Tant de sang avait été versé, tant de ruines s'étaient
amoncelées, tant de siècles s'étaient écoulés, sans
amener aucune transformation dans le cœur et l'esprit
de l'homme, sans améliorer ses sentiments et ses instincts! Les passions humaines étaient restées les
mêmes, et les hommes éprouvaient le même besoin
de s'attaquer et de se détruire.

XI

Giselle. — Le traître Campy. — La prison du pont.

Une circonstance vint bientôt montrer combien étaient sages et prudentes les précautions prises, grâce aux conseils de Giselle.

Campy, seigneur d'Avroul, était un chevalier sans foi ni loi. Il vivait de rapines et ne se faisait aucun scrupule de détrousser les voyageurs. Les marchands et colporteurs traversant le pays avaient, plus d'une fois, été les victimes de ses violences. Il s'emparait de leurs biens, des étoffes, des objets précieux qu'ils transportaient, les dénaturait, les transformait, réduisait le poids des métaux d'or et d'argent, et les faisait ensuite revendre au loin, trompant ainsi, tout à la fois, sur la valeur et la nature des marchandises.

Il était redouté bien loin à la ronde. Les femmes n'osaient passer devant son manoir et plus d'une jolie fille, enlevée par lui et les mécréants ses compagnons, avait eu une triste fin. Il était la terreur des environs, occupait Saint-Apol, petite île située au milieu de la Vayone, et de là bravait la main des hommes et la justice de Dieu.

Un jour que Giselle revenait en litière (fig. 26) de faire ses dévotions à l'abbaye de Bournus située, comme nous l'avons dit, sur la rive gauche de la rivière, elle se vit tout à coup entourée d'hommes de mauvaise mine sur les intentions desquels elle ne put se faire illusion. La faible escorte qui l'accompagnait fut bientôt dispersée, et Giselle tomba dans les mains de Campy qui, tout à la fois fourbe et traître, chercha à se faire passer pour un libérateur, à lui inspirer confiance et, par un chemin détourné, s'efforça de l'entraîner vers son repaire.

Un homme de l'escorte de Giselle avait pu s'échapper; il apporta la triste nouvelle à Chavayone. La garnison qui occupait la porte placée en tête du pont prit les armes et donna l'alarme au château, puis, guidée par le fugitif, elle s'élança sur les traces du ravisseur et put l'atteindre au moment où, malgré ses cris, ses larmes, ses supplications, la malheureuse Giselle allait être descendue dans la barque qui devait la conduire au manoir de Campy.

Le combat qui se livra ne se tourna pas à l'avantage du seigneur félon; il vit sa troupe défaite, sa victime lui échapper et, avec elle, la riche rançon qu'il espérait en tirer.

Un tel forfait demandait un châtiment exemplaire. Dès le lendemain, Gauchard, ne s'en rapportant qu'à lui, remontait la rive droite de la rivière à la tête de vingt hommes, pendant qu'un détachement traversait le pont et suivait la rive gauche. Des barques pleines de gens armés entouraient l'île de Saint-Apol et en faisaient le siège.

Après plusieurs assauts, le château fut pris. Campy, prisonnier, fut amené à Chavayone, pieds et poings liés, et enfermé dans la prison du pont.

Le premier moment de terreur passé, les hommes de Campy reprirent courage, se rassemblèrent en nombre, forcèrent les gens d'Avroul à se joindre à eux et se présentèrent en masse imposante devant l'entrée du pont.

Ils purent forcer le passage de la première enceinte, brisèrent les chaînes du pont-levis, mais alors, enfermés dans la cour, ils ne purent ni franchir la seconde porte ni se retirer en temps utile. La garnison du château eut le temps d'accourir; elle reprit l'offensive, repoussa les assaillants et en fit un grand massacre.

Cette échauffourée montra à Gauchard que ses murailles étaient bonnes et solides et que les défenses de maître Narycul le mettaient à l'abri de toute surprise.

Quant au prisonnier, le misérable Campy, il fut enfermé dans la prison du pont, et de par le bon plaisir de son vainqueur, condamné à mourir de soif. Privé d'une façon absolue de toute boisson, son unique nourriture se composa de viande de porc salé; dès les premiers jours, il endura des souffrances atroces. Le bruit de l'eau qui se brisait au pied de sa prison causait au misérable d'insupportables hallucinations. D'ingénieux raffinements aug-

Fig. 26. — La litière de Giselle.

mentaient ses tortures, son gardien lui présentait, de temps en temps, un vase plein d'eau et le renversait brusquement au moment où il en approchait les lèvres. Le matin, il trouvait suspendu à la voûte de sa prison un broc placé hors de son atteinte ; quand, après mille efforts, il était venu à bout de s'en approcher, le broc s'était vidé. Le prisonnier collait ses lèvres sur le sol, léchait de sa langue les parois de sa prison, tâchant d'y recueillir quelques gouttes d'eau, quelque trace d'humidité ; efforts stériles, peine perdue !

La mort vint enfin mettre un terme à des tourments sans nom. Le cadavre desséché et noirci fut jeté à la rivière en présence d'une nombreuse population accourue de la ville et des environs. Chacun loua la force, le courage, la justice de Gauchard, toujours prêt à venger une injustice, à punir un forfait, à protéger le faible, ... quand il avait quelque intérêt à la chose, ajoutait maître Talvas.

Gauchard avait lieu d'être satisfait ; sa vie, désormais exempte d'orages, s'écoulait dans une douce monotonie. Les années s'accumulaient sur sa tête, se succédant les unes les autres aussi vides, aussi inutiles à la fin de sa carrière qu'elles l'avaient été au commencement. Il descendait parfois au bord de la rivière, passait le pont si bien construit, si prudemment défendu ; il parcourait, à cheval, les rues de la petite ville pleine de mouvement et d'industrie ; il voyait les artisans à leur travail, les marchands à

leurs affaires et s'imaginait naïvement que cette activité, cette vie était son œuvre et ne devait avoir pour
objet que sa plus grande gloire.

Talvas, lui aussi, donnait les signes d'une complète
satisfaction. Il se faisait un peu vieux, il est vrai, mais
néanmoins c'était plaisir à le voir, à la tombée du jour,
devant sa porte, saluant chaque passant de son nom,
distribuant des poignées de main à tous les clients
empressés d'entrer.

Le pont-levis allait se lever, il fallait se hâter pour
entrer en ville; les lourdes voitures, les attelages des
rouliers, les marchands colporteurs venus à pied et
à cheval, les équipages des barques amarrées aux
quais, se pressaient tous devant la riche auberge, sûrs
d'y trouver bon lit, bonne chère, bon vin et chaud
accueil.

A l'intérieur un beau feu flambait dans la haute
cheminée, les poulardes de la Bresse, les perdreaux
rouges de la montagne, les cailles grasses grillaient
en tournant lentement sur la broche; les landiers,
évasés par en haut, supportaient d'appétissants ragoûts
de chair et de poissons. La table était couverte d'un
naperon bien blanc, les brocs pleins des grands vins
de Bourgogne circulaient sans relâche et, d'un bout
à l'autre de l'immense salle, s'échangeaient de joyeux
propos et de gaies chansons fêtant la riche Bourgogne,
son bon vin et son hospitalité.

XII

Le péage. — La visite de Louis XI. — Le pont couvert.
Son incendie.

Bien des années se sont écoulées. Gauchard est mort depuis longtemps, Talvas aussi.

L'héritier de Gauchard est arrogant, dur et sévère, plus encore que ne l'était Gauchard lui-même. Son abord est difficile ; les prisons du château sont toujours pleines, et le gibet de la haute tour ne chôme pas. Les bourgeois, les artisans rappellent avec attendrissement le souvenir du vieux baron, dont la légende a fait une sorte de héros et dont leurs pères médisaient de si grand cœur autrefois.

L'influence que possédait Talvas a passé dans d'autres mains. Le chef reconnu de la cité est un orfèvre, argentier très riche, nommé Draden. Il résiste ouvertement aux ordres du seigneur, les discute en public, ne s'y soumet pas toujours, et les hommes d'armes descendent bien plus souvent qu'autrefois en ville y ramener l'ordre et le calme. A la tête d'une faction de plus en plus nombreuse, Draden demande que le montant des redevances soit débattu et fixé

de gré à gré par ceux qui les payent et celui qui les
reçoit; il demande que le seigneur n'ait pas, à lui
seul, le droit de punir et de châtier suivant son
caprice, il demande... il demande bien des choses
qui lui paraissent justes et naturelles, que le seigneur
trouve exorbitantes et qui ne seront pas acceptées de
longtemps.

Aussi, au château, Draden est-il regardé comme
un rebelle, un mutin dangereux avec lequel cependant il faut compter, et on regrette, là haut, Talvas,
dont le souvenir s'est perpétué; Talvas, dont on vante
la soumission et le dévouement et qui, de son
temps, était regardé lui aussi comme un sujet fac-
tieux

Ainsi va le monde depuis qu'il existe, ainsi il ira
jusqu'à la consommation des siècles. Le passé paraît
toujours préférable au temps présent; on escompte
l'avenir, quitte à le maudire quand cet avenir est devenu le présent, et à le regretter quand il est devenu le passé

Les ferments de discorde, les germes de dissenti-
ments, depuis longtemps accusés entre les seigneurs
et les tenanciers, augmentaient chaque jour et n'atten-
daient qu'une occasion pour éclater.

Le baron voulait maintenir ses pérogatives et ses
privilèges, les bourgeois, au contraire, revendiquaient
les droits et les avantages d'un peuple libre. En un
mot les habitants de Chavayone voulaient établir,
chez eux, une commune semblable à celle des villes

du nord, comme Noyon et Laon en possédaient depuis longtemps.

De même que son aïeul s'était refusé à laisser construire le pont, de même le baron se refusait absolument à accepter ce nouvel ordre de choses. Afin de vaincre la résistance et le mauvais vouloir des habitants de Chavayone, il avait profité d'une légère émotion populaire et fait occuper, depuis quelque temps, la ville par un fort détachement d'hommes d'armes. Il profita ensuite de la première occasion qui s'offrit pour défendre aux bourgeois et manants de se réunir et de se concerter, exigeant qu'à la nuit les portes fussent closes et les lumières éteintes.

Ces mesures vexatoires accrurent singulièrement le mécontentement général et hâtèrent le commencement des hostilités. Les habitants de la ville se soulevèrent et appelèrent à leur aide les paysans des environs ; tous accoururent armés et entrèrent en révolte contre leur seigneur. Par excès de précaution, et pour être deux fois sûrs du succès, les rebelles eurent recours à l'abbé de Bournus, leur soutien habituel, et lui demandèrent de venir à leur aide.

Celui-ci n'eut garde de repousser une telle occasion : il arriva, sans se faire prier.

Bien des abbés s'étaient succédé dans l'abbaye depuis la mort de celui qui avait aidé Talvas dans la construction du pont ; mais l'esprit était resté le même. Comme ses prédécesseurs, l'abbé actuel savait que le rôle d'intermédiaire est toujours fructueux et connaissait le moyen de faire chèrement payer ses services.

Les habitants livrèrent donc aux moines l'entrée du pont ; baron et abbé en vinrent aux mains, s'attaquèrent et se livrèrent maints combats qui ensanglantèrent les campagnes et les rues de la pauvre petite ville.

Puis Draden prit le rôle d'intermédiaire qu'avait voulu jouer l'abbé ; il s'entremit entre les belligérants et, tout en ménageant le baron et l'abbé, tout en les menaçant réciproquement l'un de l'autre, s'alliant tantôt avec l'un, tantôt avec l'autre, il sut obtenir de tous deux les concessions nécessaires aux libertés communales.

Le baron fut, omme son prédécesseur, obligé de céder. Il le fit de mauvaise grâce ; mais la chose importait peu. Il perdit son droit de nommer les administrateurs de la cité, et de prélever les impôts qui lui convenaient ; son droit de haute et basse justice, enfin, fut régularisé et délimité.

En récompense de si grands bienfaits, qu'il attribuait à son intervention, l'abbé réclama son salaire : un impôt par tête d'habitant. Draden, aussi fin que son protecteur, fit d'abord la sourde oreille, puis proposa à l'abbé d'aller soumettre le cas au baron et fit tant et si bien, que l'abbé se trouva fort heureux de recevoir, pour prix de ses services, un droit de péage perçu sur tous ceux, bêtes et gens, qui traverseraient le pont, péage dont étaient dispensés tous les gens de la ville.

Ce dernier succès porta à son comble la popularité
de Draden. Il conquit une si grande influence, et devint si populaire que, peu de temps après, il fut
pendu par ceux-là mêmes qui avaient le plus exalté ses
mérites. Triste sort, fin habituelle réservée à ceux
que porte au pouvoir la faveur populaire.

Un long temps se passe de nouveau, les choses
changent à leur tour comme l'ont fait les hommes, et
de graves événements remplirent les pages de l'histoire.

Une terrible découverte, celle des armes à feu, a
bouleversé l'art de la guerre et est venue aider les
hommes à s'entre-tuer. Ils peuvent, désormais, plus
vite et plus sûrement, détruire un grand nombre de
leurs semblables. Les moyens d'attaque et de défense,
autrefois en usage, ne sont plus aujourd'hui suffi-
sants. Les murs d'enceinte, les tours de maître Naryeul n'ont pu résister à de tels efforts. Les assauts
qu'ils ont supportés pendant les luttes de ces derniers
temps, ont promptement amené leur ruine.

La baronnie fait partie des États de Bourgogne,
Chavayone s'est étendue sur les rives de la Vayone,
les défenses du pont n'ont plus de raison d'être et on
les a reportées plus loin, vers l'enceinte de la ville.

En face du pont s'élève maintenant une grosse tour,
sorte de porte triomphale, seulement munie d'un pont-
levis. Autrefois, ses murs épais étaient à l'abri des
projectiles, elle était armée de pièces d'artillerie grâce
auxquelles on pouvait battre la campagne.

La tour est presque démantelée ; on la conserve comme souvenir et elle ne sert plus qu'à la décoration de la ville.

Le courant de la rivière, le choc des glaces, ont détérioré les becs, les points extrêmes des piles ; ils

Fig. 27. — Porte du quatorzième siècle avant-bas en bois.

se sont déformés et les réparations dont ils ont été l'objet n'ont pu prolonger leur durée. Il a fallu élever, en avant, des obstacles en bois les protégeant contre les heurts violents.

Quand Charles le Téméraire partit pour son expédition contre les Suisses, expédition qui devait lui être si funeste, il passa sur le pont de la Vayone, au commencement de janvier 1476. Il emportait dans ses équipages, de la vaisselle d'argent, de magnifiques tentures de soie et de velours, des draps d'or et de damas, des dentelles de Flandre, son trésor, ses joyaux, son fameux chapeau garni de pierreries et son collier de la Toison d'or qu'il devait laisser sur le champ de bataille.

Quatre mois plus tard, par une belle après-midi du mois de juin, deux cavaliers chevauchaient le long de la Vayone; le soleil, haut sur l'horizon, brûlait la campagne, et les cavaliers se rapprochaient de la rivière pour trouver quelques arbres et un peu de fraîcheur. Ils allaient lentement, suivant la grève et laissant leurs chevaux, la bride basse, humer l'eau qui baignait leurs pieds. Une nombreuse escorte indiquait le rang et l'importance de ces personnages.

L'un d'eux était Louis XI, roi de France, venu à Lyon pour se trouver plus à portée des événements qui se préparaient en Suisse, et être prêt à en tirer profit, quel que fût leur dénouement. L'autre était Comines, l'ami et l'historien du roi.

Ils avaient quitté Lyon la veille et remontaient la rivière, s'enquérant des nouvelles de Suisse et cherchant à savoir ce qu'était advenu de Charles le Téméraire et de son armée engagée dans les Alpes.

« C'est grand dommage, disait le roi, de voir en si

pitoyable état ces riches campagnes; c'est grande pitié, et j'en ai l'humeur toute chagrine, de voir ces maisons en ruines, ces champs sans labour, ces hommes et ces femmes en guenilles, au visage amaigri; naguère encore, il m'en souvient, je voyais en Bourgogne tant de bonnes villes bien riches! les maisons étaient pleines de meubles et de provisions; les habitants gais, accorts, bien logés, bien vêtus, ne manquaient de rien. Le commerce était grand dans tout le pays; les communes y jouissaient de beaux privilèges et payaient facilement les impôts. Mais mon cousin de Bourgogne a voulu aller guerroyer contre les Suisses, desquels il n'a rien à attendre; tout va de mal en pis dans ses États », et un sourire de satisfaction grimaçait sur la figure du souverain.

Louis XI faisait erreur et, comme il arrive souvent, prenait ses désirs pour la réalité. Les confins de la Bourgogne étaient en effet désolés et en piteux état; mais il n'en était pas de même des villes, bourgs et terres de l'intérieur du duché, calmes, tranquilles et en grande prospérité.

Après un long silence, Louis, se servant d'une phrase qui lui était habituelle, reprit : « Je donnerais bien cent marcs d'argent à celui qui, le premier, m'apportera la nouvelle du résultat de la bataille qui doit se livrer près de Morat; » ce qui voulait dire, je donnerais volontiers cent marcs d'argent à celui qui, le premier, viendra m'apprendre la défaite de mon cousin de Bourgogne.

Un grand bruit fit retourner le roi, son escorte s'était rangée pour laisser libre passage à un cavalier accourant à toutes brides en criant : France! France!

Arrivé près du roi, le cavalier ne prit pas le temps de mettre pied à terre : « Grande nouvelle, sire, Charles de Bourgogne a été battu à Morat, huit mille hommes de ses troupes ont été massacrés. Il a perdu tous ses équipages et c'est à grand'peine qu'il a pu gagner Morges avec quelques cavaliers.

— Par Notre-Dame d'Embrun! s'écria le roi, ce n'est pas cent marcs d'argent que je te donnerai chevalier, mais bien deux cents, et cela de grand cœur, pour reconnaître ton zèle et ton empressement.

— Grande nouvelle en effet, ajouta le roi, se tournant vers les gentilshommes qui l'accompagnaient : notre cousin de Bourgogne est en mauvais cas, mes seigneurs, que Dieu l'assiste! »

Puis le roi se tut, reprit sa promenade, tout entier à ses pensées, aux projets qu'il préparait. Ses yeux errants sur la campagne s'arrêtèrent tout à coup sur le pont de Chavayone, dont les arches se miraient dans l'eau.

« Pâques-Dieu! poursuivit-il se parlant à lui-même; mais, dans l'embarras où se trouve Charles, ce pont peut assurer son salut. Il s'en servira pour effectuer et couvrir sa retraite, regagner sa capitale et, une fois à l'abri, il reformera une armée et recommencera la guerre. Les obstacles et les dangers ne l'effraient ni ne le rebutent. C'est là une chance de succès qu'il est au moins inutile de lui laisser.

Le roi passa la nuit dans la grosse tour et, le lendemain, sur ses ordres secrets, des ouvriers à sa solde
dévastaient le pont, faisaient tomber dans l'eau une
de ces arches, interrompant ainsi toute communication d'une rive à l'autre.

Charles le Téméraire rentra néanmoins dans ses
états ; mais il eut autre chose à faire qu'à réparer le
pont de la Vayone. La ville ruinée, la campagne dé-

Fig. 28. — Le pont après la visite de Louis XI.

vastée, le pont à peine debout, offraient à cette
époque l'aspect le plus lamentable (fig. 28).

Le pont fut cependant remis en état un peu plus
tard, car les troupes de Charles VIII et celles de
Louis XII le traversèrent pendant les guerres d'Italie,
et Bayard, le chevalier sans peur et sans reproche,
vint faire ses dévotions à l'emplacement de la petite
chapelle.

Fig. 29. — Les maisons et les arches de la rive droite.

Les mutilations, les réparations subies par le pont l'avaient complètement transformé et rendu méconnaissable. Des habitations construites immédiatement au bord de la rivière, s'étaient élevées à l'entrée du pont, et, sur le pont lui-même. L'ancienne tour monumentale, démantelée, à demi ruinée, était encore debout, dominant les constructions voisines (fig. 29) et rappelant seule les souvenirs des temps prospères. Le pont était atteint dans ses œuvres vives, sa solidité n'était plus assurée, les éperons en bois placés en avant des piles avaient disparu et, par une forte crue d'automne, un gros bateau pesamment chargé vint, par suite d'une fausse manœuvre, heurter si violemment une des piles qu'il ébranla les arches voisines, entraîna leur chute et, bientôt après, la ruine du pont tout entier.

En octobre 1533, François Ier, qui préparait la réalisation de ses nouveaux projets de guerre en Italie, eut une entrevue à Marseille avec le pape Clément VII. Dans cette entrevue fut décidé le mariage du prince Henri de France, fils de François Ier, avec Catherine de Médicis, nièce du pape.

L'itinéraire tracé à Catherine pour arriver en France lui faisait parcourir les plus belles provinces du royaume et sa première halte était Chavayone. Il fallut donc préparer le passage de la rivière et le rendre digne de la souveraine.

Le temps et l'argent manquaient pour reconstruire le pont ; cependant il fallait rétablir les communica-

tions entre les deux rives et, dans de telles circonstances, donner à la ville un éclat inaccoutumé.

Un des artistes italiens amenés en France par
François Ier à la suite de ses expéditions en Italie offrit ses services, les fit accepter et, sans tarder, se
mit à l'œuvre.

Il fit découvrir les piles dont les têtes s'élevaient

Fig. 30. —Le pont couvert.

encore au-dessus de l'eau, les derasa toutes au même
niveau, et plaça entre elles de longues poutres de bois
dont la portée fut soulagée par des liens et des moises.
Ces poutres reçurent à leur tour des solives transversales et d'épais madriers qui formèrent le tablier.

La partie saillante de chaque pile reçut un édicule
en bois. Ces édicules, reliés transversalement les

unes aux autres, servaient de point d'appui à des pièces de bois, faîtages, pannes et sablières qui formèrent la charpente d'une toiture recouvrant l'ensemble du pont. Cette toiture avait pour objet de mettre le bois à l'abri de l'intempérie des saisons et, par suite, d'en prolonger la durée; elle devait permettre de transformer l'intérieur du pont, de le décorer, d'en faire un salon ou une galerie de fêtes (fig. 51).

L'arche ou plutôt la travée du milieu fut rendue mobile de façon à donner libre passage aux grosses barques.

De riches étoffes recouvraient l'intérieur du pont; on installa dans chacun des édicules des jeunes filles en pimpant costume, chargées de distribuer sur le passage de la reine des fleurs, des fruits, des parfums, des vins et des boissons de toutes sortes.

C'était là une mise en scène toute italienne, dans laquelle la reine devait retrouver le souvenir de la patrie, et qui produisit sur son esprit une impression dont elle aimait plus tard à rappeler le souvenir.

Au point de vue du passage de la rivière, ce n'était qu'un expédient provisoire destiné à n'avoir qu'une très courte durée; cependant la nécessité l'imposa et le fit conserver près d'un demi-siècle, tout incommode et incomplet qu'il fût.

Aux jeunes filles distribuant des fleurs et des parfums d'Italie avaient succédé des marchands installés dans de petites boutiques. Leur situation était des plus favorables au point de vue des affaires · le nombre

des clients qui passaient devant eux était considérable, car le mouvement entre les deux parties de
la ville augmentait chaque jour, et comme ces marchands formaient une corporation puissante, ils s'op-
posèrent longtemps à la reconstruction du pont qui
devait ruiner leur commerce.

Par malheur pour eux, une bande de Bohémiens

Fig. 51. Le bac.

ou d'Egyptiens, comme on disait alors, traversa le
faubourg de la rive gauche et voulut passer le pont
pour aller à Chavayone. Le gardien du pont leur refusa
le passage; ils se retirèrent dans la campagne, mais,
le soir venu, un d'eux s'empara d'une barque, se
glissa sous le pont et y mit le feu.

L'incendie trouva un facile aliment dans ces bois
très secs, amassés en grande quantité; et le pont
fut entièrement consumé. Les communications se

trouvèrent ainsi de nouveau interrompues entre la ville et son faubourg.

Il fallait pourtant passer d'une rive à l'autre. On installa un bac, de solides poteaux scellés au bord de la rivière supportaient un câble auquel était attaché une poulie. Un second câble, fixé sur cette poulie par une de ses extrémités, était, par l'autre, fixé à un bateau; ce bateau, hâlé par les câbles glissant l'un sur l'autre au moyen de la poulie, permettait au passeur d'aller d'une rive à l'autre, directement et sans grande fatigue (fig. 51).

La forme donnée au bac facilitait l'entrée et la sortie des chevaux et voitures et on lui substituait une légère embarcation, lorsqu'il ne s'agissait de transporter que des piétons.

Pendant toute la durée des guerres de religion, les habitants de la contrée n'eurent pas d'autre moyen de traverser la rivière, le bac dut suffire à relier les deux rives.

Chavayone, cependant, formait presque deux villes tant son faubourg s'était, peu à peu, développé.

Chavayone tenait pour la ligue, tandis que le faubourg tenait pour la réforme; les habitants ne se rencontraient guère que pour échanger force coups et horions, et, pour obtenir un tel résultat, un bac était plus que suffisant.

XIII

Le soleil, bas sur l'horizon, éclairait encore le sommet des collines ; la ville était déjà presque obscure et, par l'échancrure de la vallée de la Vaone, arrivait seulement une longue traînée de lumière faisant resplendir les eaux du fleuve.

Une brise chaude, légère, soufflant du midi, prenait le courant à rebours et couvrait la surface des eaux de petites vagues courtes et brillantes ; les arbres frissonnaient doucement, les oiseaux piaillaient dans la feuillée, et les troupeaux, quittant la rivière, remontaient lentement la prairie pour regagner leurs étables.

La journée était finie, la tâche accomplie ; paysans, artisans et bourgeois se reposaient du travail quotidien. Sur les bords de la rivière, le rire, et la chanson aux lèvres, des bandes de joyeux garçons, de gaies jeunes filles se plongeaient dans l'eau.

Les gens plus calmes, d'âge et de naturel plus tranquille, laissaient la jeunesse prendre ses ébats et, assis sur le pas de leurs portes, sur les bancs rangés devant leurs maisons, causaient gravement de la pluie et du beau temps, de l'histoire du voisin, de la récolte que leur promettait un chaud été et, d'avance, par un mouvement de la langue au palais, ils dégustaient « le joli vin, le vin gentil » dont ce beau soleil devait remplir leurs cuves l'automne prochain.

La ville, l'ancienne Chavayone du moyen âge, devenue la Chavane du dix-septième siècle, s'est singulièrement transformée et développée; elle compte maintenant un grand nombre de rues et places, toutes bordées d'échoppes, de boutiques bien achalandées, de riches maisons bourgeoises, d'habitations, d'hôtels, pour la noblesse et la finance. Groupés autour de la cathédrale sont les logements des chanoines, les couvents et, au centre de la ville, sur la place de Bourgogne, se dresse l'Hôtel de ville, avec son beffroi; d'un côté, la maison de monsieur le bailli, de l'autre, l'hôtel du gouverneur.

Une grande rue traverse la ville de part en part, elle se continue dans la campagne par le pavé du roi, mais elle est brusquement interrompue à la rivière, qui attend toujours le pont destiné à remplacer celui détruit il y a plus d'un siècle.

Sur la place Bourgogne, de nombreux groupes de consommateurs assis autour des tables des cabarets, discutent avec animation; les paroles sont hautes, les gestes animés; la vivacité bourguignonne se donne libre carrière, mais ce ne sont pas de joyeux propos, de gaies prévisions d'avenir qu'échangent les interlocuteurs ; hélas ! non. Ils parlent politique et, de tout temps, en France, la politique a été le contraire de l'union et de la gaieté. On parle un peu du roi, beaucoup du cardinal, et surtout de MM. de Cinq-Mars et de Thou, dont le procès va être jugé à Lyon.

Les femmes se tiennent à l'écart ou gardent le logis. De loin en loin, quelqu'une traverse la place et tente de faire réintégrer le domicile conjugal à son époux beau diseur. Elle écoute et s'abstient de donner son avis car en ce temps, bien qu'aimant autant que pas une se servir de sa langue, les femmes de Bourgogne d'ailleurs s'abstenaient de donner des conseils sur les meilleures manières de diriger les affaires publiques.

Mais toutes les bouches se taisent, les têtes sont levées, les oreilles tendues, là bas, en haut, à l'endroit où jadis s'étaient élevés le camp retranché de Caïus Nargus, le château fort de Gauchard et qu'encore, aujourd'hui, on appelle la citadelle. Un bruit retentissant se fait entendre ; il se rapproche, d'instant en instant ; on distingue le bruit des sabots d'un cheval qui, durement, frappe sur le pavé.

Un cavalier paraît, son cheval est blanc d'écume, son costume couvert de poussière ; il porte la livrée du cardinal et s'arrête devant l'hôtel du gouverneur. On s'empresse, on le questionne et, bientôt, toute la ville sait que le premier ministre a quitté Paris et se rend à Lyon pour presser l'instruction du procès de MM. de Cinq-Mars et de Thou. Il doit passer par Chavane et voici déjà le gouverneur qui fait appeler le bailli, l'officier commandant les troupes et le prévôt des marchands pour se concerter avec eux sur les mesures à prendre.

L'allégresse est générale dans la ville et chacun la manifeste bruyamment. Les habitants d'une ville, les sujets d'un prince sont toujours dans l'allégresse quand il leur est donné de contempler les traits de leur souverain ou ceux de son ministre ; pourquoi? Ils seraient certes bien empêchés de justifier leur enthousiasme et leur satisfaction; mais c'est chez eux une tradition qui, vraisemblablement, subsistera tant qu'il y aura des peuples et des souverains. Il est bien entendu que ce même peuple, si satisfait et si enthousiaste de voir son maître, n'hésitera pas à le pendre à la première occasion venue, avec un empressement égal à celui qu'il avait mis naguère à le recevoir et à l'acclamer.

La ville fut donc dans la joie, et cette joie augmenta encore, quand le lendemain arriva un détachement de gardes à cheval commandés par des gentilshommes de la suite du cardinal. Ce détachement précédait immédiatement son Éminence et, parmi les hommes qui le composaient, se trouvaient deux employés du grand voyer de France, chargés de reconnaître si les routes étaient sûres et ne présentaient aucun obstacle pouvant gêner ou retarder la marche du ministre.

Les habitants de Chavane avaient, pour passer d'un bord à l'autre de la Vaone, installé, depuis quelque temps, une passerelle de bois reposant en partie sur les vestiges du pont de Benezet. C'était un ouvrage très incomplet, peu solide et suffisant seulement au passage des piétons. Le tablier en était très bas ; il gênait la navigation, chaque crue de la rivière emportait une traverse ou un madrier ; mais cependant, telle qu'elle était, cette passerelle rendait de grands services aux riverains qui la réparaient, l'entretenaient régulièrement, en attendant de pouvoir la remplacer.

Les lieutenants du grand voyer de France examinèrent la passerelle, en vérifièrent l'état et, bien vite, déclarèrent qu'elle ne paraissait pas assez solide, qu'elle était trop étroite et que, si elle pouvait suffire aux bons habitants de Chavane, elle était tout à fait indigne de servir au passage du grand ministre, sur les précieux jours duquel ils avaient mission de veiller.

Ils se hâtèrent donc de mettre en réquisition tous les bâteaux, barques, canots amarrés au rivage et, à l'aide des charpentiers de la ville et des soldats de la garnison, ils établirent, rapidement, un pont provisoire de bateau.

Les ponts de bateaux installés à demeure ou ceux que jettent en travers d'un cours d'eau des troupes en campagne, sont formés d'une suite de bateaux plats à la proue très aiguë (fig. 55) et au corps effilé, pour offrir le moins possible de résistance au courant.

Ces bateaux sont séparés les uns des autres par un espace à peu près égal à leur largeur ; des câbles les rattachent les uns aux autres, et de forts madriers les recouvrent pour former le tablier.

Quand la charge fait enfoncer un ou deux bateaux,

les autres conservent leur aplomb ; tous, s'abaissant et se relevant successivement, à l'état de repos, la surface du tablier est sensiblement horizontale. Les eaux circulent librement dans les intervalles et au dessous des bateaux, et en cas de crue ou de sécheresse, tout l'appareil monte ou descend.

Une partie du tablier mobile relie de chaque côté le tablier au rivage et s'incline, plus ou moins, suivant le niveau des eaux (fig. 52).

Le grand inconvénient des ponts de cette nature est de former un barrage en travers des cours de la rivière ou du fleuve et de créer ainsi un obstacle absolu à la navigation. On remédie à cet inconvénient en établissant, au milieu du pont, une brèche rendant mobile un certain nombre de bateaux qu'on éloigne au passage des embarcations et qu'on rapproche ensuite[1].

Mais les lieutenants du grand voyer de France n'avaient, à leur disposition, aucun matériel propre à faciliter leur tâche ; ils durent se borner à choisir parmi tous les bateaux qu'ils purent se procurer ceux dont les dimensions se rapprochaient le plus, ceux dont la hauteur au-dessus de l'eau était la même.

---

1. Les ponts de bateaux rendent de grands services pour les traversées des fleuves très larges, ceux sur lesquels l'établissement d'un pont fixe serait d'une exécution trop difficile ou trop coûteuse. Le Rhin compte plusieurs ponts de bateaux ; un des plus remarquables est le pont de Coblentz.

Les bateaux qui doivent aller au delà du pont préviennent de leur arrivée par un coup de canon. Un remorqueur à vapeur attaché à la partie mobile du pont la met en mouvement, ouvre le passage et le referme ensuite. Cette manœuvre, qui se répète bien des fois jour et nuit, se fait facilement et rapidement.

Comme ils n'en trouvèrent pas un nombre suffisant remplissant ces conditions, ils y remédièrent en plaçant les plus élevés au milieu de la rivière et les plus bas près des rives, créant ainsi un dos d'âne analogue à ceux de certains ponts. Ils placèrent le

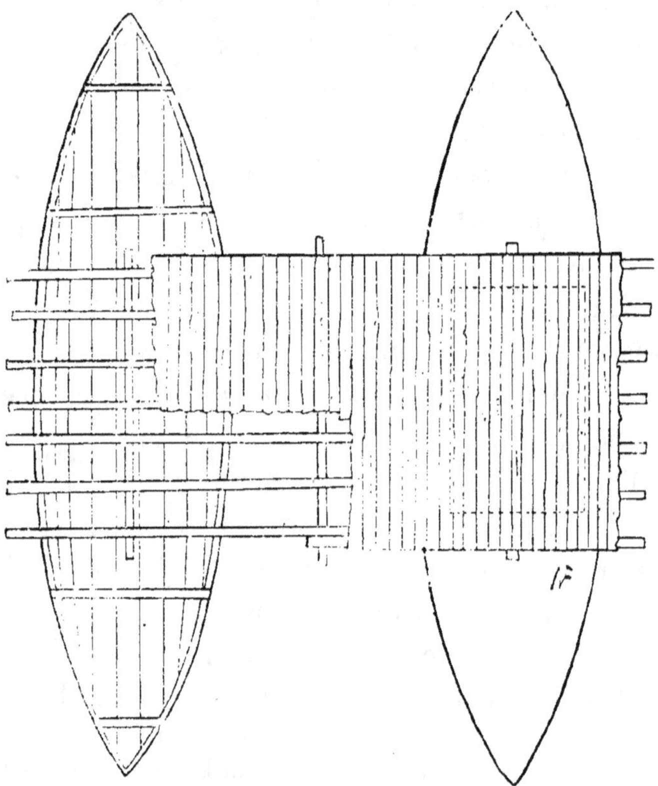

Fig. 52. Plan du pont de bateaux.

premier bateau dans l'axe du courant et le maintinrent au moyen de deux câbles solides; deux autres bateaux, retenus aux rives, formèrent les culées du nouveau pont et, sur un cable passant par l'axe de ces trois bateaux, s'amarèrent successivement tous les autres.

Une fois les bateaux en place, la pose des planches formant le tablier devint une opération facile.

Le temps manqua pour établir un parapet, une barrière servant de garde-fou ; mais toutes les parties essentielles du pont étaient terminées quand on annonça que l'escorte du cardinal était en vue.

Bien vite, gouverneur, bailli, prévôts, hommes d'armes, corporations de toutes sortes, évêque, abbés et moines de toutes couleurs, furent prêts à recevoir la terrible Éminence. De la citadelle, point culminant de la ville, à la rivière, à l'endroit du nouveau pont, se massèrent les bourgeois, les artisans et tout le populaire.

Une estrade était dressée : c'est là que le cardinal devait mettre pied à terre, écouter les discours et y répondre.

Le discours du gouverneur était prêt ; mais le bailli, moins habitué à l'éloquence officielle, revoyait le sien à chaque instant, le répétait tout bas, ajoutant un mot ou retranchant une phrase.

Enfin, voici les hommes d'avant-garde, puis ceux de l'escorte ; ils marchent vite et, à grands coups de plat de sabre, éloignent les curieux. Le bon peuple de Chavane ne se décourage pas pour si peu ; il est là pour voir et veut voir ; il s'approche, quand même, et manifeste sa satisfaction, *satisfaction bien justifiée*, par de grands cris d'allégresse !

Mais qu'est cela? bon Dieu ! se demande-t-on de tous côtés.

Cela, c'est une énorme caisse couverte de draperies et percée de deux étroites fenêtres. Dix-huit soldats gardes la portent sur leurs épaules et marchent bon pas. Une tête sèche, ridée, pâlote, aux yeux noirs et froids se montre à une des fenêtres ; une main maigre rajuste une calotte rouge sur cette tête et laisse retomber la tenture.

Malgré leur énorme fardeau, les gardes descendent

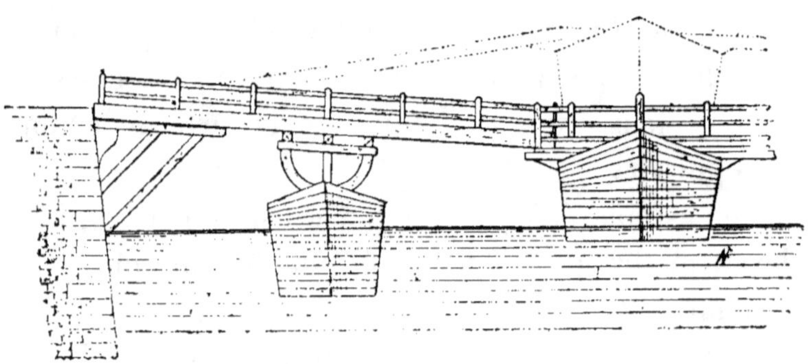

Fig. 35. Le pont de bateau.

la côte en courant, traversent la ville et arrivent devant l'estrade.

Les hauts et puissants personnages sont debout ; ils se découvrent, saluent humblement, se posent de façon à faire valoir leurs avantages, d'un geste gracieux présentent leurs manuscrits, et se préparent à prendre la parole.

La litière se montre ; elle est tout près, mais elle passe ; elle ne s'arrête pas ; elle est déjà loin ; elle enfile le pont, et se perd dans la campagne.

Le cardinal, demi-mort, faisait le voyage de Lyon étendu, ou plutôt couché, dans son lit; un secrétaire, assis à son chevet, écrivait sous sa dictée, et son Éminence n'était, certes, pas d'humeur à perdre son temps et à s'arrêter en route pour entendre un échantillon de l'éloquence de ses sujets de Bourgogne.

Ce fut une déconvenue, un mécompte dont les habitants de Chavane conservèrent longtemps le souvenir. Le gouverneur et le bailli furent les héros de chansons, où leur dignité avait quelque peu à souffrir. Chacun railla son voisin, espérant ainsi éviter les plaisanteries qu'il s'était attirées avec sa hâte d'aller voir la boîte du cardinal. Les femmes qui avaient été les plus empressées furent les plus impitoyables et, sans pitié, raillèrent leurs époux.

La langue des femmes de Bourgogne est plus alerte et plus vive que celle de leurs maris; aussi, en cette circontance, comme en beaucoup d'autres, n'eurent-ils pas le dessus et aujourd'hui encore, dire d'un mari : il a été voir le cardinal, est faire entendre qu'il est naïf et crédule et que sa femme ne l'est pas..., au contraire.

Les habitants de Chavane eurent pourtant une compensation. Le pont leur resta. Ils désintéressèrent les propriétaires de bateaux, remplacèrent ceux dont la forme et les dimensions ne convenaient pas; ils élargirent le tablier, établirent une balustrade latérale, rendirent mobiles les quatre bateaux du milieu et, pendant bien longtemps, se servirent du pont du cardinal.

XIV

Louis XIV. — Vauban. — Le nouveau pont.

Dix-sept ans plus tard Chavane se préparait, de nouveau, à recevoir la visite d'un haut et puissant personnage. Cette fois, ce n'était pas un ministre, un cardinal qui pénétrait dans ces murs, c'était bel et bien un grand et vrai souverain, le roi de France en personne.

Louis, quatorzième du nom, alors à peine âgé de vingt-un-ans, se rendait à Lyon suivi de toute sa cour, accompagné d'Anne d'Autriche, sa mère, du cardinal Mazarin, son ministre, pour voir la princesse Marguerite de Savoie que, depuis longtemps, on le pressait d'épouser.

Le roi et sa suite arrivèrent à Chavane un soir d'automne par un épais brouillard qui, disent les chroniques du temps, donnait une mine piteuse aux plumes dont étaient ornés les chapeaux des brillants cavaliers de l'escorte. La pluie se mit à tomber; il fallut lever les glaces des carrosses et ce fut sans produire aucun effet, mais au contraire de la façon la plus terne et la plus bourgeoise, que le roi fit son entrée.

Fig. 54. Le bateau de Louis XIV.

Chacun se hâta de gagner le gîte qui lui était destiné.

Le roi et la reine se logèrent chez la marquise Derain, riche et belle veuve qui habitait un bel hôtel construit au bord de l'eau, dans le quartier Sainte-Marie. L'hospitalité offerte par la marquise fut digne des hôtes qu'elle recevait. Le roi fit grandement honneur aux vins qui lui furent servis; à souper, il trouva, avec raison, la chair exquise, car la table de la marquise était renommée, et il se mit au lit de fort bonne heure.

Le lendemain, le soleil brillait, éclairant de ses gais rayons la campagne et la rivière.

Le roi et la cour traversèrent à pied la ville, passant par la rue des Marchands et la Grande Rue et s'embarquèrent dans des bateaux richement décorés, garnis de moelleux tapis et couverts d'une tente que la douceur de la température permit de laisser ouverte tout le temps du voyage (fig. 34).

Ce qui fit dire au roi que, dans ce beau pays de Bourgogne, le temps était aussi mobile que l'esprit des femmes, propos qui, dit le chroniqueur, fut très loué des courtisans et répété d'un bateau à l'autre.

Au moment de quitter Chavane, Sa Majesté reçut des notables habitants, réunis au point d'embarquement, une supplique qu'elle daigna promettre de lire. Dans cette pétition, on demandait au souverain d'intervenir auprès des États de Bourgogne pour obtenir l'achèvement de la route qui, de la Vaone, conduisait aux Alpes, et le remplacement du pont de bateaux par un pont fixe.

Louis XIV descendait la Vaone, il ne la traversait pas. Il ne put donc comprendre comment un pont pourrait être utile aux habitants de Chavon, puisqu'il ne devait actuellement lui servir à rien.

Heureusement que, neuf ans plus tard, Louis XIV revint à Chavone et sentit, cette fois, l'utilité que pourrait avoir, au point de vue de ses intérêts personnels, un pont fixe, jeté sur la Vaone.

C'était un dimanche du mois de février 1668 ; le roi venait de terminer ce qu'on appela plus tard sa conquête de la Franche-Comté, conquête facile, préparée par M. le Prince, et à laquelle Louis XIV doit une gloire peu justifiée. Sa campagne s'était bornée à entrer dans des villes sans défense qui, ne s'attendant pas à être attaquées, avaient ouvert leurs portes. Louis XIV ne s'en était pas moins couvert de gloire il avait hâte de regagner Paris pour s'y faire couronner de lauriers par l'Académie française qui, pour la première fois, devait, réunie en corps, venir complimenter le souverain.

La Vaone charriait de gros glaçons ; ils heurtaient les bateaux du pont et les faisait osciller ; parfois, les chocs étaient si violents, qu'on pouvait craindre de voir les amarres se détacher et les bateaux s'en aller à la dérive.

Le roi, arrêté sur la rive gauche, attendait avec

impatience le moment où il pourrait, sans encombres, traverser la rivière. Il profita d'un instant de calme et, sans accident, passa d'une rive à l'autre ; mais il dut passer à pied, faillit à plusieurs reprises perdre l'équilibre, et dut employer mille précautions nuisant singulièrement au prestige que lui imposait sa qualité de souverain.

Son entrée dans la ville manqua absolument de cette mise en scène à laquelle il tenait tant. Il en conçut une violente humeur qui s'exhala en termes très vifs : c'était une incurie impardonnable de voir les habitants de Chavane se contenter d'un moyen de communication aussi dangereux, aussi rudimentaire qu'un pont de bateaux en mauvais état. Il fallait remédier, sans retard, à un pareil état de choses. A quoi donc pensait le gouverneur? que faisait donc le bailli, et de quoi s'occupaient les États de Bourgogne?

On aurait pu faire observer au souverain que, depuis bientôt dix ans, on lui avait à lui-même signalé la situation dont aujourd'hui il se plaignait si fort. Mais personne n'osa élever la voix. En présence du roi, chacun s'inclina bien bas et ne se redressa que pour mieux manifester sa reconnaissance envers le souverain qui, avant de partir, daigna engager les États de Bourgogne à prendre, sans retard, les mesures nécessaires pour jeter un pont de pierres sur la Vaone dans la traversée de Chavane.

C'était une grosse affaire; tous les esprits se mirent

au travail. Chacun émit une idée, présenta un projet, le soutint, et discuta celui de son voisin.

La solution désirée ne vint pas vite; les ressources faisaient défaut, il fallut, pour réaliser celles qui étaient nécessaires, réclamer le concours de la ville, de la province, et du trésor public. Louvois s'occuppait, à cette époque, de la mise en état de défense de toutes les places de l'est et de celles de la Franche-Comté, nouvellement conquise. Il était nécessaire de faire marcher de front les fortifications de Chavane et la construction du pont, afin que les deux opérations puissent se poursuivre simultanément et s'aider sans se nuire l'une l'autre. Tout cela exigea de longues et difficiles études, et prit beaucoup de temps.

Vauban vint à Chavane. Il était Bourguignon, connaissait le pays et ses ressources et, dès ses premières études, reconnut que la construction d'un pont devait se rattacher à toute une série de travaux publics complémentaires indispensables.

Le lit de la rivière s'était élargi; elle avait peu à peu dépassé ses anciennes limites, raviné et abaissé ses bords. Une série de constructions élevées sur ses rives baignait leurs fondations dans l'eau. Des quais, cependant, étaient nécessaires. On se résolut donc à les prendre aux dépens de la largeur de la rivière. Démolir les maisons qui les bordaient pour les reconstruire un peu plus loin, paraîtrait, de nos jours, une entreprise simple et facile; mais eût alors constitué, une opération beaucoup trop onéreuse pour les ressources dont disposait le trésor public.

Réduire le lit du fleuve n'était pas la chose difficile; la difficulté consistait à ne pas gêner et à ne pas retarder l'écoulement des eaux par cette réduction.

La largeur de la rivière était actuellement de 120 mètres; en la ramenant à 90 mètres, c'est-à-dire en la diminuant de 10 mètres de ce qu'elle était dans le principe, on pouvait établir sur la rive droite un quai de 20 mètres de largeur et, sur la rive gauche, où la circulation était beaucoup moins importante, un quai de 10 mètres de largeur seulement. Nous verrons plus loin que par suite des modifications apportées dans le premier point, ces indications se trouvèrent légèrement modifiées; la largeur du lit de la rivière fut ainsi portée à 93 mètres et la largeur du quai de la rive droite réduite à 17 mètres.

Il était toutefois à craindre que, mise dans l'impossibilité de s'étendre par suite de la construction du quai, la rivière, lors des grandes crues, ne vint à s'élever considérablement. Un canal de dérivation fut le moyen qui se présenta naturellement, et Vauban eut l'idée d'utiliser, à cet effet, le fossé qui, au moyen âge, avait servi à protéger les défenses de la rive gauche.

Vauban augmenta considérablement la section de ce fossé, de façon à le convertir en canal et, comme il commença ses travaux à une époque de l'année où les eaux de la Vaone étaient très basses, que l'année offrait des conditions de sécheresse exceptionnelles, il put, au moyen d'un barrage (fig. 55), diriger dans ce canal toutes les eaux de la rivière et construire les fondations de son pont sans plus de difficultés que n'en eût présenté une construction ordinaire, élevée sur la terre ferme.

Cette condition fut très favorable à la prompte exécution des travaux; elle les facilita singulièrement et permit de reconnaître et d'enlever les massifs de maçonnerie qui avaient servi autrefois à la construction du pont de saint Benezet débris qui étaient restés cachés au-dessous du niveau des eaux, où ils constituaient des récifs très dangereux pour la navigation.

Des ponts primitifs, il ne resta donc debout que les piles du pont romain qui dressaient toujours au-dessus des eaux leurs têtes noires et menaçantes.

Le lit de la rivière, étant réduit à 90 mètres de largeur, fut ensuite divisé en cinq parties. Ce nombre de divisions donnait des arches de petite portée et de construction facile; mais alors sous le règne du grand roi, il fallait faire grand, chercher les formes et les dispositions propres à frapper et à étonner. En un mot, il fallait paraître; le côté utile, pratique, était relégué au second plan.

En sorte que, sans tenir compte des avantages qu'offrait au point de vue économique, l'établissement d'un pont de cinq arches égales en largeur et en hauteur, sans remarquer que le peu d'importance de ces arches eût permis de baisser leur sommet et d'établir de niveau le tablier, en rendant inutile les rampes d'accès, on voulut faire dominer la partie centrale, créer un motif, un parti décoratif.

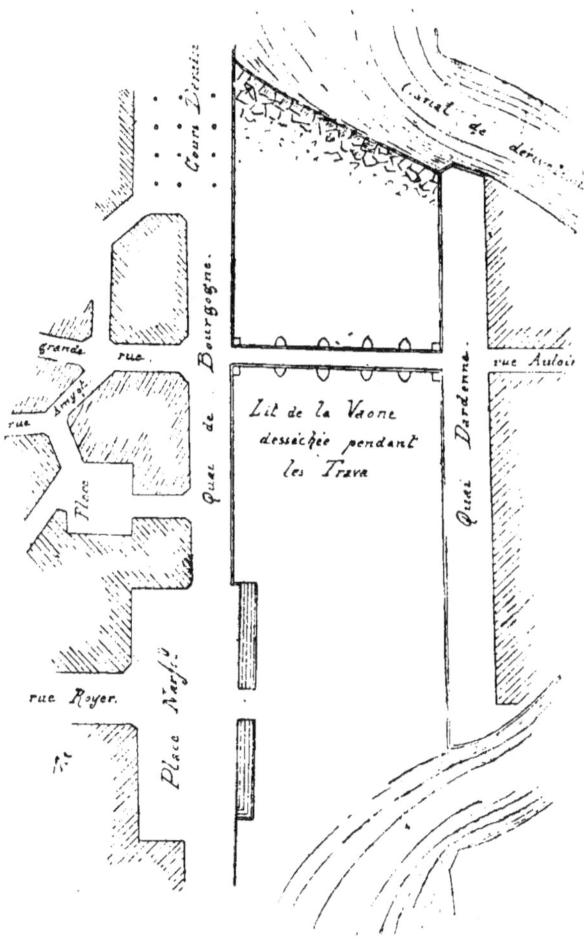

Fig. 35. — Plan des abords du pont de Vauban.

Vauban dut donc céder aux influences, au goût de son temps, et adopta une combinaison bien certainement contraire à sa manière de voir.

Tout en maintenant la division en cinq arches, il donna aux arches centrales une largeur de 16 mètres et réduisit à 10 mètres la largeur des arches des rives. C'était 5 mètres de plus à donner au lit de la rivière; ils furent pris aux dépens du quai de la rive droite, réduite à 17 mètres.

Les arches de rive, plus étroites et plus basses, laissaient dominer les arches centrales et accusaient leur

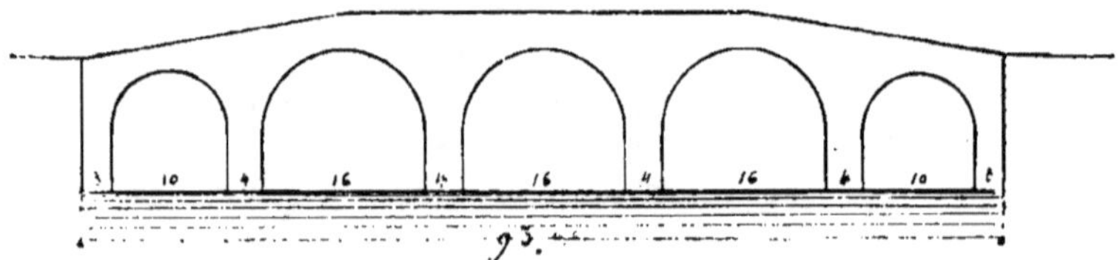

Fig. 36. — Tracé du pont.

importance et le rôle qu'elles devaient jouer, au point de vue de la navigation (fig. 56).

La prospérité, l'accroissement de la ville, avaient eu pour résultat de développer les quartiers situés au bord de l'eau et de déplacer le mouvement du commerce et de l'industrie. Les marchands, les fabricants s'étaient éloignés des parties basses souvent inondées par les crues de la Vaona. Ils avaient occupé un mamelon formant la continuation de celui qui, successivement, avait été couronné du camp romain et du château moyen âge.

Ce changement dans le centre vivant et animé de la ville entraîna le changement de l'emplacement du pont et fit abandonner l'emplacement primitif. L'endroit choisi fut le point où la Grande Rue débouchait sur les quais.

Dès que le canal de dérivation eut fonctionné et eut mis à sec le lit de la rivière, on put reconnaître l'exactitude des sondages au moyen desquels on avait préa-

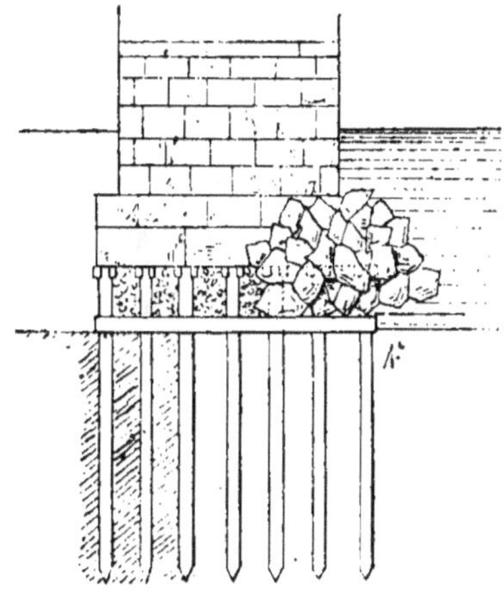

Fig. 57. — Les pieux et les fondations.

lablement constaté la nature du sol sur lequel devaient s'élever les piles. Il était glaiseux et inconsistant. On bâtit des pieux pour le consolider. Ces pieux furent enfoncés jusqu'au refus (fig. 57); on recepa leurs sommets, c'est-à-dire qu'on coupa à la même hauteur toutes les parties dépassant un niveau donné. Afin de rendre ces pieux solidaires, on réunit leurs têtes au moyen d'un système de moises, en bois méplat de peu d'épaisseur formant un grillage dont on eut le soin de remplir les intervalles avec du béton. Puis, sur ces fondations, s'élevèrent les massifs de maçonnerie formant les premières assises des piles.

Afin de protéger les têtes de ces piles contre l'effort des eaux, on les défendit au moyen d'enrochements formés des plus gros blocs de pierre qu'on put trouver dans les carrières de Maives. Pierre très dure et très résistante dont les carrières se trouvaient un peu au-dessous de la ville, sur les bords de la Vaone. On chargeait les pierres directement dans les bateaux. Ces bateaux remontaient la Vaone et on les déchargeait presqu'à pied d'œuvre.

Il était à craindre que, le remous formé au droit des piles par le courant, n'entraînât les terres molles du fond de la rivière et ne donnât lieu à des affouillements dangereux. Un radier en maçonnerie, établi d'une pile à l'autre, les relia toutes ensembles, et rendit ainsi impossibles les accidents de cette nature.

La forme des avant-becs des piles fut, de la part de Vauban, l'objet de soins particuliers. Ses études, ses travaux antérieurs lui avaient appris quelle était l'importance de la forme donnée à ces avant-becs, et combien elle intéressait la solidité et la durée du pont. On comprend, en effet, que la solidité d'un pont réside dans celle de ses piles, qu'il convient, par suite, de leur donner une grande résistance et que leur forme doit réduire à son minimum le gonflement et le reflux que le courant produit au droit des piles, et qui constitue la cause ordinaire des affouillements.

Ces effets se produisent d'une façon différente suivant que le bec de la pile affecte telle ou telle forme (fig. 38). La forme en fuseau est la plus favorable, mais elle ne pouvait plaire à une époque où le but de chacun, où l'objet de chaque chose était de paraître et de produire de l'effet.

Afin de donner à ces piles plus d'assiette, de diminuer, le plus possible, leur section, elles furent montées à fruit, c'est-à-dire que leurs parements suivirent une légère inclinaison, se retraitant de la base au sommet. Des enrochements formés d'amas de pierres brutes entassées servirent à défendre le pied des piles et à neutraliser l'effort des eaux.

Au moyen âge, l'extrême longueur donnée aux piles du pont avait rendu cette précaution superflue ; mais Vauban n'eut garde de la négliger ; elle était d'autant plus nécessaire dans le nouveau pont que, pour lui donner un aspect plus monumental, pensait-on, on réduisait, le plus possible, la longueur des piles.

La forme de ces piles offrait donc une disposition bien différente de celle du pont du moyen âge et elle montre combien étaient opposées les tendances et les principes de ces deux époques.

Nous avons vu que saint Benezet avait considérablement allongé ses piles ; elles présentaient, au courant, un angle très aigu et, au contraire, se terminaient carrément du côté opposé. C'était là un parti logique, raisonné et bien dans l'esprit des constructeurs du moyen âge. Ce parti était trop simple, prêtait trop peu à l'effet pour être accepté par les constructeurs du temps de Louis XIV ; en outre, il créait entre les deux côtés de la pile une irrégularité, un manque de symétrie qui choquait des yeux désireux de paraître, cherchant à exagérer la vérité, à la pousser à l'extrême. Témoins les énormes perruques dont les hommes s'affublaient à cette époque, dans le but de se grandir, de se grossir la tête, de se donner une apparence plus noble et plus digne.

Les piles eurent donc la même saillie et la même forme sur leurs deux faces, en aval comme en amont, et comme la forme aiguë déplaisait, que la forme carrée eût offert un obstacle à l'écoulement des eaux, on les termina par un parti circulaire couronné d'un rempant.

Quant à l'épaisseur de ces piles, Vauban modifia la tradition romaine et celle du moyen âge. Il ne chercha pas à leur donner une épaisseur assez considérable pour qu'elles puissent servir de culée et résister à la poussée des arcs si l'un d'eux venait à manquer et ne pouvait plus contrebutter les autres. Il trouva avantage, au contraire, à réduire l'épaisseur de ces piles, à ne leur donner à que les dimensions nécessaires saires pour qu'elles puissent résister à la poussée des arches en tenant compte des différences de poussée entre deux arches de moindre diamètre. Il faut remarquer à cette occasion que, dans un pont dont les arches sont égales, les poussées sont toujours égales, qu'elles se neutralisent presque et que, par conséquent, l'effort qui tend à renverser les piles est sinon nul, du moins très minime.

Mais il n'en est pas de même dans le cas d'arches
inégales; les piles ont alors à supporter des efforts

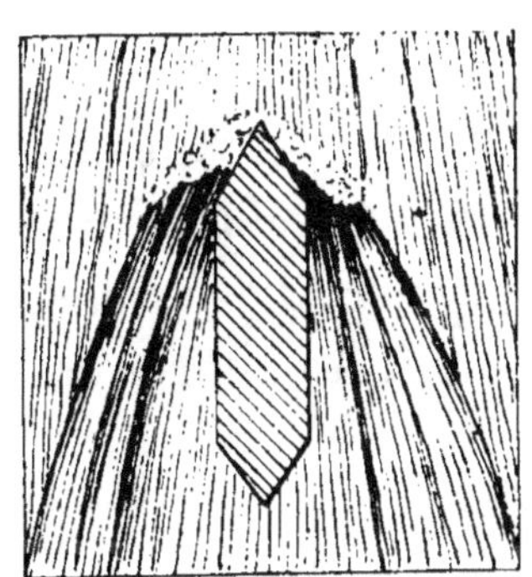
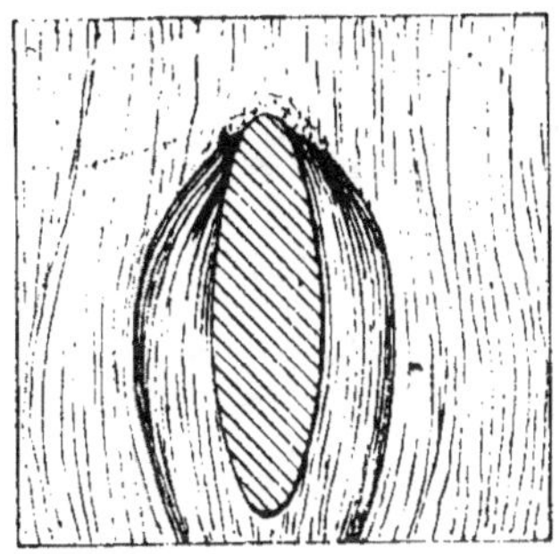
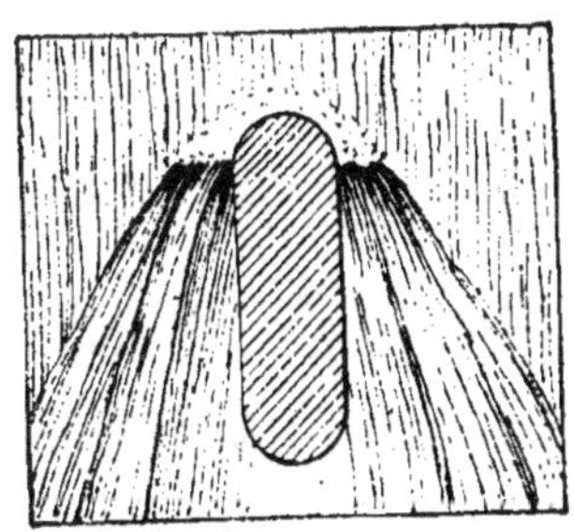
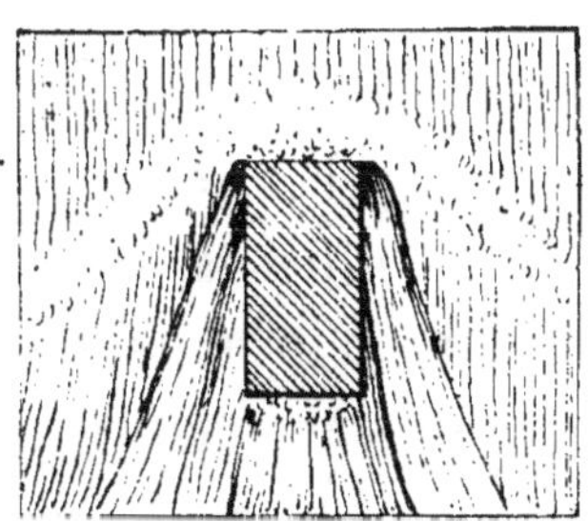

Fig. 38. — Différentes formes des becs de piles.

inégaux, efforts en rapport avec le diamètre des arches.
Vauban fut ainsi conduit à donner à ses piles une

section supérieure à celle qu'il avait prévue dans le principe et la porta à 4 mètres. Quant aux culées, elles restèrent avec la même saillie de 5 mètres, indiqués dès l'origine.

Une fois les piles montées et couronnées d'un chaperon aux profils accusés, on commença la construction des arches. Des saillies ménagées à la base des piles reçurent les cintres en charpentes (fig. 59) destinés à

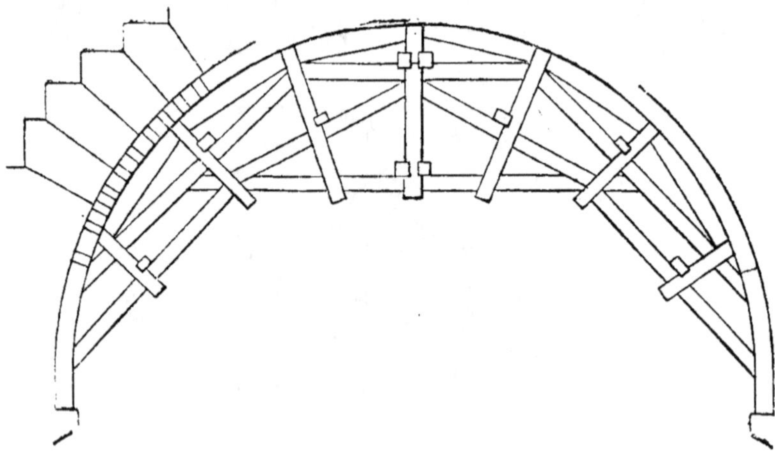

Fig. 59. — Les cintres des arches.

servir de forme aux arcs. Ces arcs furent construits en pierres de taille dans toute leur épaisseur. On choisit avec grand soin les pierres destinées à former le remplissage entre deux arcs, car ces pierres, constamment exposées à l'humidité, abritées du soleil et du vent qui pourrait en sécher la surface, sont toujours dans les ponts les premières détériorées.

Quand à l'appareil de ces arcs il fut traité d'une

façon toute différente de celle employée dans le pont romain et dans le pont moyen âge.

Nous avons vu que, dans ce dernier pont, chaque arche était formée d'une série d'arcs parfaitement distincts les uns des autres et construits au moyen de voussoirs simples en épaisseur et indépendants de la maçonnerie des reins. Ce système fut complètement modifié, à partir du dix-septième siècle. Aux arcs extradossés (fig. 40), les constructeurs substituèrent des arcs reliés aux maçonneries latérales au moyen de de crossettes (fig. 41) laissées aux voussoirs, et de barres de fer rattachant entre elles tous les massifs. Dans ce système, les trépidations, les oscillations, au lieu d'être localisées comme dans le système des arcs extradossés, se trouvent immédiatement transmises d'une extrémité à l'autre de l'arche. De là des ébranlements continuels qui augmentent rapidement d'intensité et qui hâtent la destruction de l'ensemble de l'œuvre.

On ajouta le sommet des piles de façon à l'alléger, à le rendre moins lourd, au point d'intersection des arcs, et à faciliter l'écoulement des eaux en temps de crue; on réserva, sur les parements des arches, des tables saillantes destinées à recevoir des sculptures. Mais ces sculptures, provisoirement ajournées, ne furent jamais exécutées (fig. 42).

Les reins des voûtes, remplis en maçonnerie de moellons et de béton, formèrent le tablier du pont qu'accusa à l'extérieur une corniche aux puissantes moulures. Comme on redoutait beaucoup l'ébranle-

ment et les charges des voitures et des lourds chariots
qui devaient passer sur le pont, on donna aux reins

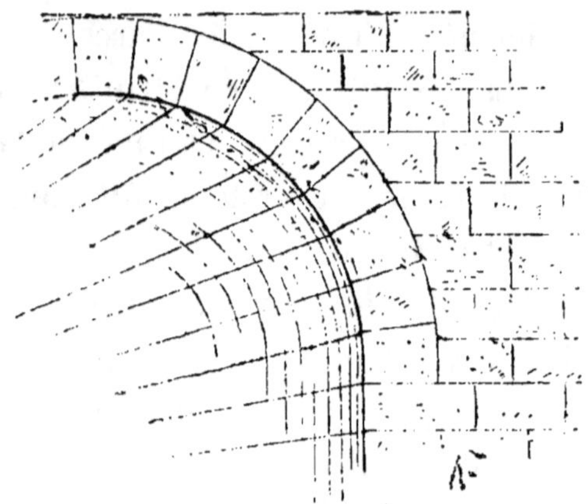

Fig. 40 — Appareil extradossé.

de ces voûtes une très forte épaisseur, et on garnit le

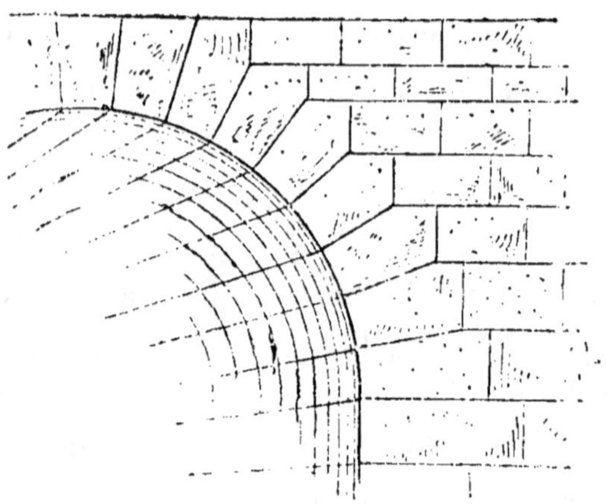

Fig. 41. — Appareil à crossettes.

parement extérieur de cette maçonnerie d'un fort
revêtement en gros pavés de pierre blanche faisant,

de chaque côté, un revers en façon de trottoir.

Des parapets en pierre, des escaliers ménagés près

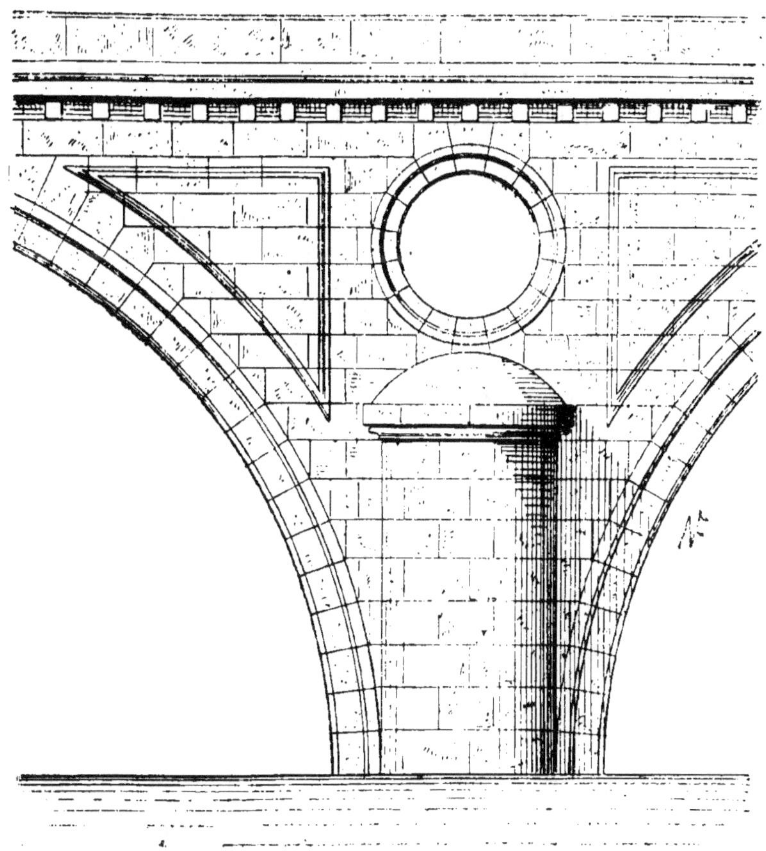

Fig. 42. — Détails des piles et arches.

des culées pour permettre l'accès de la rivière, com-
plétèrent l'ensemble du pont et de ses abords.

Les besoins présumés de la circulation servirent
à déterminer la largeur du pont. $5^m,50$ parurent suf-
fisants pour le croisement de deux voitures. On ré-

serva, de chaque côté, un trottoir de 1^m,50, non compris le parapet de 0^m,65, soit donc en tout 9^m,80 (fig. 43). Les véhicules en usage à cette époque étaient bien plus lourds que ceux des Romains et du temps du moyen âge; ils circulaient en bien plus grand nombre. Le pont de Chavane était donc appelé à supporter des charges considérables et, avant de le livrer

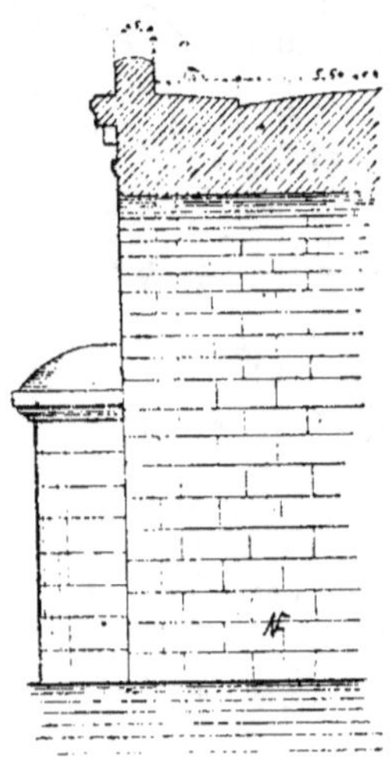

Fig. 43. — Coupe transversale.

à la circulation, il parut sage et prudent de s'assurer qu'il répondait à ce qu'on attendait de lui.

Une fois les travaux terminés, il fut donc soumis à toute une série d'épreuves.

A cet effet, on déposa sur le tablier, suivant une couche uniforme de 1 mètre de haut, une quantité de sable, présentant un poids 1400 kilogrammes par mètre carré de surface du pont, déduction faite des parapets.

Fig. 44. — Vue générale du quai et du pont.

Cette première opération ayant parfaitement réussi, le sable qui occupait la voie fut enlevé. De chaque côté, on fit avancer deux énormes chariots pesant 5000 kilogrammes; ces chariots, traînés lentement, marchèrent d'abord à la rencontre l'un de l'autre et stationnèrent sur le sommet de chaque arche. C'était la plus forte charge accidentelle que le pont pût jamais supporter. Les deux chars marchèrent ensuite côte à côte en accélérant leur allure.

Au moyen d'un échafaudage volant placé en dehors et passant sous les arches, Vauban, qui dirigeait l'opération, s'assura que les voussoirs n'avaient pas bougé, que les arches n'avaient subi aucune déformation; à peine si quelques joints s'étaient brisés : détail sans importance et qui n'était pas de nature à inspirer des doutes sur la solidité du pont.

Ce pont, dès ce moment, relia Chavane à son faubourg. Les travaux avaient duré moins de trois ans.

Ce beau travail fit grand honneur à... Sa Majesté, le roi de France, qui avait daigné en ordonner l'exécution.

Le frère Romain était né à Gand en 1646; il était entré au couvent des frères Prêcheurs de Maestricht en 1672; on le regardait comme le plus habile architecte et ingénieur de son temps; il avait fait, de la construction des ponts, sa spécialité. C'est à ce titre qu'il fut, en 1684, chargé de la direction des travaux de construction du pont de Maestricht.

Le succès de l'entreprise augmenta sa renommée et le fit regarder comme le premier constructeur de ponts qui existât en Europe.

Le 20 juin 1684, le pont Royal, qui réunissait les deux rives de la Seine, en face des Tuileries, fut emporté par les eaux.

Gabriel et Mansart, architectes du roi, furent chargés de sa reconstruction. Ils rencontrèrent des difficultés imprévues, se heurtèrent au mauvais vouloir de quelques ouvriers et laissèrent l'entreprise traîner en longueur.

Dans un moment d'humeur, Louis XIV fit mander le frère Romain. Le célèbre moine, ne se fit pas prier, bien entendu; il arriva au mois de juin 1685 et, profitant des études de ses prédécesseurs, réussit là où ils avaient été sur le point d'échouer.

Le pont fut achevé dans un bref délai et dans les meilleures conditions.

Pour récompenser le frère Romain, le roi le nomma architecte des bâtiments et des domaines royaux dans la généralité de Paris et inspecteur des ponts et routes de toute l'étendue du royaume.

A ce titre le frère Romain parcourut les diverses provinces de France; il vint à Chavane, examina le pont avec le plus grand soin, en loua grandement les dispositions et rapporta au roi un dessin dans lequel était représenté le pont et ses abords (fig. 44).

XV

Le hallage.

Le résultat le plus immédiat qu'amena la construction du pont, fut un accroissement considérable dans
le nombre de voitures, de chars, de véhicules de
toutes sortes, de cavaliers et de piétons qui entrèrent
à Chavane, venant des pays situés sur la rive gauche
de la Vaone. Un service de voitures publiques fut
créé entre Chavane et les villes voisines, Bourg,
Dôle, Chambéry et prolongé jusqu'à Genève, le pied
des Alpes et Turin. Les coches, les lourdes guim-
bardes, suivaient désormais la route qu'on venait de
leur ouvrir; la poste royale modifia son itinéraire,
établit des relais sur la nouvelle voie et desservit
Chavane.

A la prochaine foire de la saint Jean, le nombre
des marchands réunis à Chavane fut plus considérable
qu'il ne l'avait jamais été, et les bénéfices réalisés à
cette époque laissèrent dans la mémoire des habitants
un agréable souvenir.

Le mouvement des bateaux montant ou descendant
la rivière avait augmenté dans la même proportion.

Chavane était devenue un important point de réunion où, de nouveau, se rassemblèrent les marchands, fabricants, producteurs de toutes sortes, venant des quatre points de l'horizon.

Les barques avaient modifié leurs dimensions primitives; elles étaient plus larges, et plus longues. Le chantier établi sur la rive gauche de la Vaone construisait de grands bateaux qui, sans rompre charge, pouvaient descendre le Rhône jusqu'à Arles et Saint-Louis, et remonter pleins des marchandises que les navires de la Méditerranée apportaient d'Orient, ou d'Afrique

Les voies de terre avaient été améliorées, grâce à la construction de ponts et de chaussées. Mais aucun effort du même genre n'avait été tenté pour améliorer les voies fluviales, pour transformer le mode de traction des bateaux. Ils descendaient le courant à la dérive et le remontaient à l'aide d'avirons, ou en se faisant remorquer par un manœuvre les tirant à l'aide d'un câble.

Un jour, on eut l'heureuse idée de remplacer le pauvre diable de manœuvre par des chevaux; puis on installa, le long de la rivière, des relais de chevaux comme on en avait installé sur les routes. Ce nouveau service appelé maille, du nom du cordage qui, en marine, réunit deux objets placés à distance, aida puissamment à faciliter les transports sur la Vaone et les rendit plus rapides et plus économiques.

En rase campagne, la maille (fig. 45) fonctionnait régulièrement, sans rencontrer d'obstacles. Un con-

Fig. 45. — La maille. — Le hallage.

ducteur, moitié postillon, moitié marinier, dirigeait les mouvements, modifiait, suivant les besoins, l'allure des chevaux. Quand deux bateaux se rencontraient, les câbles étaient détachés ou « mollissaient », les deux bateaux marchaient pendant un certain temps grâce à la vitesse acquise; puis les canots attachés à l'arrière des bateaux se rapprochaient de terre, portaient au conducteur l'extrémité du câble ou le reprenaient si ce dernier l'avait conservé. Et les deux bateaux continuaient leur route en sens inverse.

C'était une manœuvre longue et pénible, mais n'offrant pas de dangers. L'habileté du hâleur et du marinier consistait à accrocher le câble du bateau au point précis qui devait assurer une marche régulière et n'offrir au courant que la plus petite résistance possible.

Dans la traversée des villes et au passage des ponts, l'opération était loin d'être aussi facile. L'adresse des mariniers, celle des conducteurs ne suffisait pas toujours pour éviter un accident, et l'arrivée de la « maille » sur les quais d'une ville était chose redoutée à bon droit. La maille ne pouvait passer sous le pont et devait passer dessus. Les bateaux, séparés du câble qui les hâlait, marchaient quelque temps grâce à la vitesse acquise. Ses mariniers s'aidaient de longues gaffes qu'ils accrochaient dans des anneaux scellés à cet effet dans les murs des quais ou les piles du pont et, une fois de l'autre côté du pont, retrouvaient le câble et les chevaux à l'aide desquels ils continuaient leur route.

Ce câble subitement tendu ou détaché balayait tout

devant lui, il atteignait parfois avec assez de violence pour les faire tomber à l'eau des promeneurs inoffensifs, de tranquilles pêcheurs à la ligne. Les chevaux remorquant les bateaux allaient droit devant eux sans que leur conducteur pût les diriger, renversant des enfants, des femmes et des vieillards, trop lents à se sauver. Les bahuts de pierre des quais étaient ébranlés, descellés, beaucoup portent encore les traces de profondes rainures creusées par le frottement rapide et prolongé des câbles.

Au cri de « voilà la maille » chacun se sauvait et se mettait à l'abri ; c'était, plus qu'une gêne c'était un véritable danger.

Les plaintes des riverains devinrent telles, les accidents se renouvelèrent si fréquemment que bientôt s'imposa la nécessité de supprimer la maille ou de transformer la manière dont on en faisait usage.

C'est alors qu'on établit, le long de la Vaone, un chemin de hallage.

Ce chemin existait en réalité dans la partie où la rivière se trouvait en rase campagne ; ce ne fut que dans la traversée des villes qu'il constitua une innovation. La largeur du lit de la rivière fut réduite de 4 mètres. Cette emprise forma un quai inférieur qui se continua sous le pont, passant sous la première arche de la rive droite (fig. 46). Mais cette arche était basse, étroite ; on ne pouvait augmenter sa largeur sans être entraîné à reconstruire à peu près entièrement le pont. On dut donc se contenter de modifier la forme de cet arc et de remplacer l'arc plein cintre par un segment d'arc.

Ce nouvel arc offrait, près de sa naissance, une hauteur suffisante aux manœuvres et conservait néan-

Fig. 46. — Le chemin de hallage.

moins assez de largeur pour livrer passage aux plus gros bateaux. Quant au chemin de hallage, des plans inclinés ménagés de chaque côté du pont aux abords de la ville lui assuraient un accès facile et sûr.

XVI

La vapeur.

Après une longue ère de prospérité pour tous les pays bordant la Vaone, survint une période de temps difficiles et troublés. Louis XVI, la république et l'empire se succédèrent.

Les troupes de la république passèrent sur le pont de Chavane pour aller conquérir l'Italie, comme autrefois l'avaient fait les Gaulois, comme le firent plus tard les troupes du second empire.

Les années s'écoulèrent, et, comme toujours, les hommes les occupèrent à s'entretuer, à se détruire les uns les autres sans repos ni trève. Mais si les mœurs ne s'adoucirent guère, les idées se transformèrent, l'esprit humain fit un grand pas et réalisa un progrès immense.

Une découverte vint bouleverser le monde, découverte qui, aujourd'hui, date de deux siècles, et qui cependant est chaque jour l'objet d'une application nouvelle, d'un perfectionnement imprévu.

Salomon de Caus était mort en 1630, après avoir

ouvert la voie et fait entrevoir le but où elle pouvait conduire.

Près d'un siècle plus tard, Denis Papin fit sur la Fulda un premier essai de machine à vapeur appliquée à la marche des bateaux.

Fulton perfectionna l'idée française, au commencement du dix-septième siècle, et vers la même époque un habitant de Chavane, ingénieur habile, directeur des ateliers de construction des bateaux de fer établis en face de la ville, fit naviguer un bateau à vapeur sur la Vaone. La tentative eut un plein succès et peu après fut créé un service régulier de bateaux à vapeur pour les voyageurs et les marchandises, reliant entre elles toutes les villes situées sur les bords de la rivière.

Dès cette époque, le nombre de voyageurs passant à Chavane devint considérable. Les coches, les diligences à marche rapide faisaient en cinq jours le trajet de Paris à Chavane. Les voyageurs s'arrêtaient pour prendre le bateau qui les conduisait à Lyon ou, changeant de direction à Chavane, se rendaient de là directement en Suisse et en Italie.

Les marchandises de toutes sortes suivaient les mêmes voies ; les quais, élargis depuis longtemps par les démolitions des maisons qui les bordaient, étaient encombrés de ballots, de caisses, de fûts de toute nature et de toutes dimensions. De longs convois de bateaux, traînés par des remorqueurs à vapeur, sillonnaient la rivière.

Cette activité, cette circulation énorme fut, pour le

pont de Vauban, la cause d'une nouvelle transformation. Tel qu'il était, il constituait un embarras, une gène pour la navigation, et il devint nécessaire de le modifier.

La grande arche centrale avait, à sa base, 16 mètres de largeur; cette largeur était suffisante pour les bateaux alors en usage. Ceux-ci, en effet, n'avaient à l'époque de la construction du pont qu'une largeur réduite de 3 à 4 mètres ; par les moments de crue, ils pouvaient donc encore passer sous le pont, bien que son débouché se trouvât singulièrement réduit au sommet des arches en plein cintre.

Mais la situation devint tout autre quand, au lieu de livrer passage à des bateaux étroits, les arches durent livrer passage à des bateaux plus larges et dont la largeur était encore augmentée, sinon doublée, par les aubes, par les cages des roues ajoutées de chaque côté. Un bateau de 6 à 8 mètres présentait ainsi une largueur de 12 à 14 mètres. Une telle masse ne pouvait plus, à la moindre crue, passer sous le pont, et s'accrochait aux parois des arches. De là, des arrêts, des transbordements, des retards fort préjudiciables aux intérêts de tous.

La reconstruction de l'arche centrale fut donc décidée et exécutée à la fin de l'empire. On démolit l'arc plein cintre et on le remplaça par un arc formé d'un segment semblable à celui de l'arc de rive; et grâce à cet expédient on obtint pour les deux parois latérales l'excédent de hauteur dont on avait besoin.

Perronet venait de mourir, après avoir formé de nombreux et habiles élèves, et ses travaux servaient de point de départ aux progrès considérables que l'on constatait dans les œuvres du génie civil.

A côté de cette école nouvelle se plaçaient les ingénieurs continuant les traditions antérieures à cette ère de progrès et perpétuant les souvenirs du temps de Louis XIV. C'est à un des ingénieurs de cette école qu'échut le soin de transformer le pont de Chavane. Il remplit sa mission d'une façon satisfaisante en apparence, les matériaux employés étaient de bonne qualité et bien choisis, la forme qu'il adopta pour relier le segment avec les arcs plein cintre était heureuse, mais la façon dont s'exécutèrent les travaux, dont furent appareillés les pierres, était déplorable (fig. 47).

Les arcs plein cintre du pont primitif se contrebuttaient l'un l'autre et leurs poussées se trouvaient ainsi neutralisées. En remplaçant un arc plein cintre par un segment d'une plus grande portée, on détruisait l'équilibre et il aurait fallu pour que l'œuvre conservât la stabilité nécessaire prendre des dispositions particulières, augmenter les piles ou doubler les arcs plein cintre.

On avait bien pu ne pas prendre ces précautions. lors de la reconstruction de l'arc de rive, parce que cet arc avait une faible portée et qu'une de ses extrémités reposait sur une culée; mais elles étaient nécessaires pour la reconstruction de l'arche centrale et la faute que l'on commit en s'en dispensant devait avoir les plus fatales conséquences.

En même temps qu'on reconstruisait l'arche centrale, on diminuait l'épaisseur du massif de maçon-

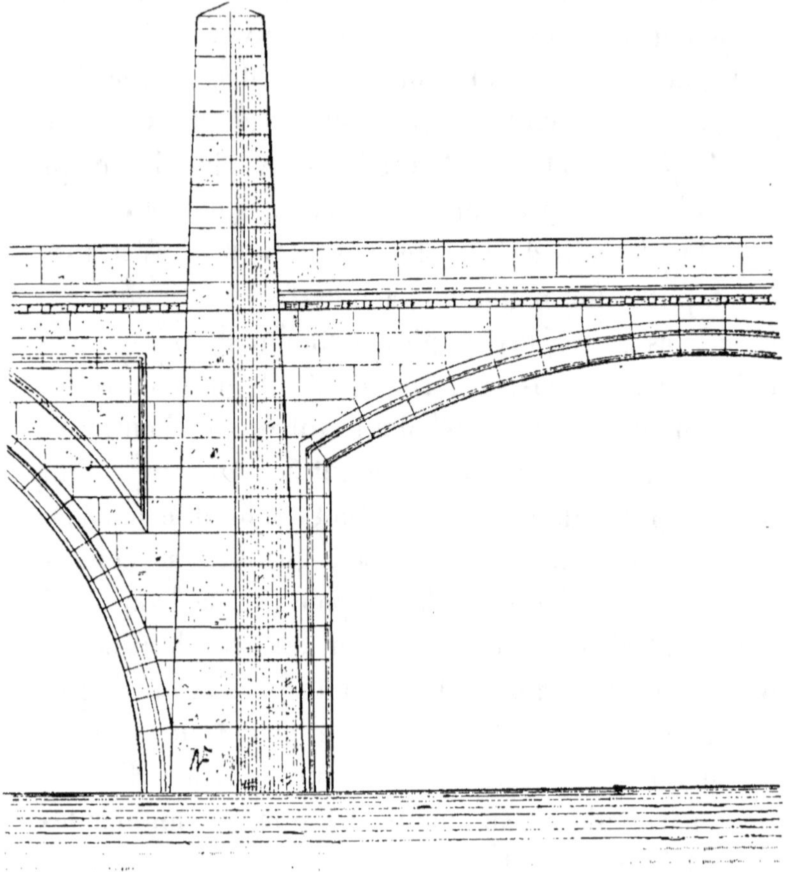

Fig. 47. — L'arc plein cintre transformé en segment.

nerie qui recouvrait les trois grandes arches, de façon
à rendre le tablier sensiblement horizontal.

Les travaux des quais s'achevèrent également; on
termina ceux de la rive gauche et on disposa ceux de
la rive droite afin de leur permettre de se prêter aux
nouvelles exigences du commerce et de la navigation.

Fig. 48. — Les quais et le pont transformés.

Le chemin de hallage avait considérablement perdu de son intérêt; néanmoins on agrandit et on régularisa ses abords ; on le continua dans toute la traversée de la ville.

On créa également deux ports ou plutôt deux quais de débarquement, l'un destiné aux bateaux servant au transport des voyageurs, l'autre aux remorqueurs et aux bateaux servant au transport des marchandises.

De larges degrés précédaient ces quais et permettaient aux pontons, amarrés en avant, de suivre le niveau des eaux, de monter ou de descendre, suivant les besoins.

Vu de la rivière, cet ensemble (fig. 44 et 48) frappait l'étranger et l'impressionnait d'une façon favorable : c'était la première ville de l'intérieur dans laquelle il s'arrêtait, après avoir quitté la Méditerranée ou traversé les Alpes, et il préjugeait bien d'un pays qui se présentait dans de telles conditions.

Mais, nous l'avons dit, le pont renfermait en lui-même une double cause de ruine : d'abord la réduction trop grande de l'épaisseur du tablier et l'emploi de voussoirs à crossettes; ensuite l'inégalité de poussée des arcs.

L'insuffisance de l'épaisseur du tablier transmettait directement aux voussoirs les vibrations et trépidations produites par le passage des véhicules; les crossettes des voussoirs rattachaient l'arc à la maçonnerie des reins et des piles, et leur communiquaient l'ébranlement qui leur était imprimé.

Les piles, sollicitées par un arc plein cintre dont les poussées s'exerçaient en bas, et par un segment dont les poussées s'exerçaient en haut, tendaient à se déverser.

En prévision des désordres que pouvait amener cette situation, on chercha à donner plus de stabilité aux piles en les chargeant d'un poids nouveau ; on remplaça leurs becs circulaires par des becs aigus que terminèrent de lourdes pyramides triangulaires dépassant de beaucoup le parapet (fig. 47 et 48), puis on doubla la quatrième arche qui s'était déformée, et on remplit presque entièrement l'arche de la rive gauche dans laquelle se manifestaient d'inquiétantes fissures.

Enfin, amélioration qui n'ajouta rien à la solidité du pont, mais que néanmoins les habitants de Chavane trouvèrent fort à leur goût, des réverbères, accrochés aux pyramides du pont, l'éclairèrent pendant la nuit.

Le pont ainsi réparé et reconstitué présenta un aspect étrange ; la variété de ses formes étonnait et ne se comprenait pas au premier abord ; il parut pendant quelque temps avoir recouvré sa solidité première, et quand les troupes françaises s'embarquèrent à Chavane pour aller à la conquête de l'Algérie, il supporta le poids de tous les trains d'artillerie, de tous les régiments, de tout le matériel de guerre qu'on réunissait sur les bords de la Vaone.

XVII

LES PONTS MODERNES

Nous sommes en 1830. Un nouveau régime vient de s'implanter en France.

Les grands travaux publics sont une ressource précieuse en pareille occasion, et tous les gouvernements qui se sont succédé et se succéderont chez nous y auront toujours recours.

Le ministre des travaux publics vient en conséquence de demander au préfet du département de la Vaone, dont Chavane est le chef-lieu, d'étudier quels sont les grands travaux dont l'exécution lui paraît urgente et nécessaire dans son département. La population du département de la Vaone est turbulente, mal pensante, ce sont les descendants de Talvas et de Draden, il faut les ramener à de meilleurs sentiments, les combler de faveurs dont les contribuables feront les frais.

Le préfet a donc préparé le travail qui lui était demandé. En première ligne, il a fait figurer la reconstruction du pont.

Ce malheureux pont, en effet, menace ruine, et malgré les réparations de toutes sortes dont il est l'objet, n'offre plus de sécurité aux passants. L'hiver précédent, il a fallu interrompre la circulation pendant la débâcle des glaces, et le même fait s'est renouvelé à l'automne par suite de grandes pluies qui avaient amené une crue considérable des eaux de la Vaone.

Mais si le gouvernement a le vif désir de voir de grands travaux s'exécuter en province, ses ressources ne sont pas en rapport avec ses bonnes intentions. Il est obligé de faire face à de grands besoins et doit répandre ses largesses sur tout le territoire. Aussi demande-t-il aux conseils généraux des départements. aux conseils muncipaux des villes, de fournir une partie des fonds nécessaires, se réservant le soin de parfaire les sommes insuffisantes, d'accorder des allocations supplémentaires plus ou moins importantes, suivant que la sympathie des électeurs de la région aura besoin d'être excitée ou récompensée.

Le conseil municipal de Chavane est donc réuni au lieu ordinaire de ses séances, grande pièce occupant le premier étage du nouvel Hôtel de ville.

Du dehors, les habitants voient éclairées les fenêtres de la salle du conseil et tout satisfaits se disent que là-haut travaillent les élus de leur choix, que leurs édiles veillent sur la ville, assurent sa sécurité et sa prospérité.

L'ingénieur en chef du département explique à l'assemblée les avantages que présentent les ponts d'un nouveau système dits ponts suspendus, et leur propose de remplacer le vieux pont de Vauban par un pont de ce genre.

Cet ingénieur, brillant élève de l'école polytechnique, est plein de son sujet; il a la parole facile et s'efforce, en traitant un sujet aussi aride, de se faire comprendre de ses auditeurs, d'exciter leur intérêt.

« La construction des ponts suspendus ne date que du commencement du siècle; ils sont d'origine américaine et n'ont été connus, en Europe, que vers 1810.

« Le système de constructions dites suspendues est susceptible de nombreuses applications; on peut l'utiliser pour établir des ponts-aqueducs, des ponts-canaux, des ponts-routes et même des toitures de bâtiments. On tente, en ce moment, une expérience de ce genre au port de Lorient pour la couverture d'un bâtiment de l'arsenal; ce bâtiment a quarante mètres de largeur entre les points d'appui.

« Le principe des constructions suspendues est fondé sur la propriété dont jouissent les polygones funiculaires ou les courbes caténaires, qu'ils soient en bois, en corde ou en fer, de transformer les pressions verticales en tensions longitudinales, quand la force des liaisons et des articulations est suffisante.

« Le chanvre et le fer, dont la résistance à la traction est plus grande que la résistance à la compression et à la flexion, offrent de grands avantages à être utilisés dans le nouveau système. La vérification des parties qui les composent, leur mise en place, leurs réparations n'offrent aucune difficulté.

« La rigidité d'un pont suspendu, pour ne nous occuper que d'eux, est d'autant plus grande que la flèche de l'arc ou plutôt la flèche des polygones funiculaires ou catenaires de suspension est plus réduite.

« Les ponts suspendus permettent ainsi d'obtenir des ouvertures très larges, placées à une grande hauteur, ce qui, pour le débouché des rivières, et la facilité de la navigation, est un avantage considérable.

« Un autre avantage qu'offrent les ponts suspendus est celui de supprimer les œuvres improductives des ponts de pierres, de briques, ou de fer.

« Dans les ponts en maçonnerie, l'impossibilité de proportionner exactement le volume des pierres, à leurs fonctions et à leur résistance, le défaut d'homogénéité des divers matériaux employés, imposent des dimensions, des cubes de maçonnerie, supérieurs à ceux strictement nécessaires.

« Dans les ponts de bois, la nature de la matière employée, son peu de résistance aux intempéries, obligent à augmenter de beaucoup les dimensions rigoureusement utiles.

« Dans les ponts fixes en fer, malgré l'évidement considérable des différentes pièces, on se trouve forcé de faire travailler les fers dans des conditions exagérées et souvent défavorables à leur maximum de résistance.

« Dans les ponts suspendus, il est au contraire possible de limiter l'effort au résultat.

« Mais, à côté de cet avantage, se trouvent à leur tour des inconvénients.

« Le déplacement de la charge mobile éventuelle (les voitures), que reçoit le pont, modifient d'autant plus les conditions d'équilibre que la forme du câble ou de la chaîne est variable. De là des ondulations sur le tablier.

« La charge mobile, étant animée d'une vitesse irrégulière donne lieu à des chocs, à des vibrations souvent considérables.

« Les alternatives de froid et de chaud modifient les longueurs des câbles métalliques et relèvent ou abaissent le tablier du pont.

« La grande surface que le pont offre au vent le fait parfois osciller violemment; un ouragan peut même le soulever et le projeter.

« L'oxydation des fers, l'usure des bois du tablier exigent un entretien régulier, une surveillance assidue.

« L'effort que les assemblages métalliques exercent sur leurs supports obligent à donner aux ouvrages de maçonnerie, fondations, culées et piles, une solidité et un soin souvent difficiles à obtenir.

« La malveillance, enfin, peut facilement causer de graves avaries à un pont suspendu, à cause de la facilité avec laquelle on coupe les fils des câbles.

« Mais il est possible d'atténuer sinon de supprimer une grande partie de ces inconvénients.

« Dans les premiers ponts suspendus, le tablier était directement posé sur les câbles et en suivait, par conséquent, l'inclinaison, montant et descendant d'une façon qui parfois rendait la circulation très difficile. Ce procédé barbare est aujourd'hui heureusement abandonné.

« Un pont suspendu se compose d'une plate-forme, d'un tablier en charpente horizontal ou sensiblement horizontal suspendu par des tirants verticaux en fer

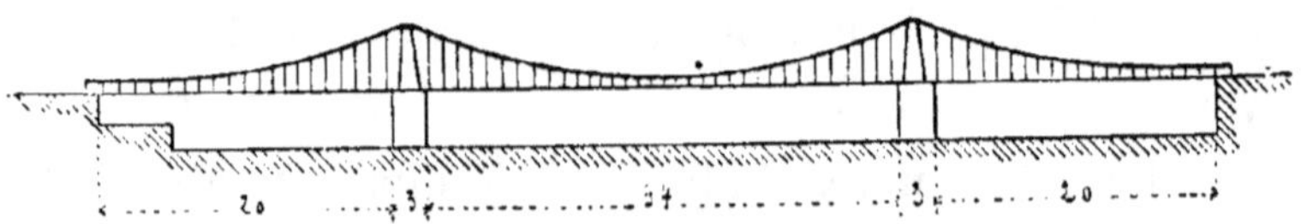

Fig. 49. — Tracé du pont suspendu.

à un ou plusieurs câbles ou chaînes métalliques fixés sur les rives.

— Les chaînes et les câbles du pont ne sont donc pas horizontaux? fit observer un des conseillers.

— Non pas, repartit l'ingénieur, ces chaînes sont, comme je croyais l'avoir expliqué, relevées sur des piles élevées en travers des cours d'eau (fig. 49).

— Alors, reprit l'interrupteur, les piles et les culées doivent avoir une force de résistance considérable, car autrement elles seraient promptement renversées par la trépidation que produisent les charges mobiles, les véhicules circulant sur le pont. Les énormes massifs qu'il faut construire pour donner à ces piles la stabilité nécessaire rendent, semble-t-il, impossibles les économies sur lesquelles nous comptions, et en ce cas un pont tout en pierres paraît préférable.

« Cette observation serait très juste si les câbles ou les chaînes allaient seulement d'une culée à une pile, d'une pile à une autre, etc., formant ainsi autant de tronçons séparés. Tel n'est pas le mode suivi. Les chaînes vont directement d'un bout à l'autre du pont ; scellées dans une des culées, elles rejoignent l'autre et passent par le sommet des piles (fig. 50) sur lesquelles elles glissent au moyen de galets ou de poulies (fig. 51). Le frottement se trouve ainsi considérablement réduit et les câbles ne peuvent, par conséquent, ni s'user ni ébranler les piles par leurs oscillations.

« La pile n'agit pas comme point d'appui et sa section peut être réduite à celle d'un pont ordinaire. L'économie signalée est donc bien positive et bien réelle.

« La charge accidentelle, est la charge occasionnée par le passage des voitures.

« Elle ne peut être imposée au pont que dans certaines conditions. Aussi deux voitures légères pourront passer ensemble sur le pont, mais les lourds chariots passeront l'un après l'autre. Pour augmenter la stabilité du pont et le rendre moins sensible aux oscillations transversales, les tiges de soutien du tablier seront inclinées en dehors et des amarres reliant les piles à la partie inférieure du tablier l'empêcheront d'être emporté ou simplement soulevé par un coup de vent.

« L'amarrage des chaînes dans les culées, à leur extrémité, est le point le plus délicat du travail, car de sa bonne exécution dépend absolument la solidité du pont. On conduit les chaînes au point d'at-

Fig. 50. — Une pile et les cables de support.

tache soit directement sans leur faire subir de déviation, soit au contraire en leur faisant suivre une direction oblique, à partir de leur point de rencontre avec le massif dans lequel elles doivent être encastrées (fig. 52). Le premier cas n'offre pas de difficulté par-

ticulière, mais il n'est pas toujours applicable à cause
de la largeur exigée par les amorces et qui, souvent, deviennent une gêne. Dans le second cas, la
chose la plus importante est d'éviter les frottements ;
on y parvient en plaçant, sous les chaînes, à leur rencontre avec le massif en maçonnerie, des poulies ou
des rouleaux mobiles. On protége le métal des chaînes
d'amarrage contre une trop prompte oxydation en les
enveloppant d'une pâte de chaux grasse. Un regard,
noyé dans la maçonnerie, permet de vérifier l'état des
amarres et de les réparer, en cas de besoin.

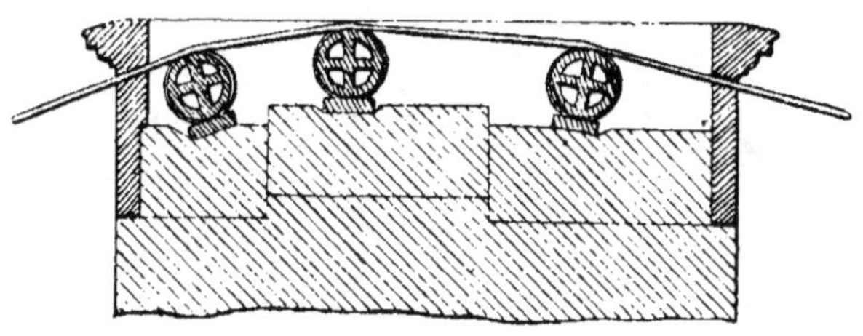

Fig. 51. — Sommet d'une pile munie de ses poulies.

« Le passage de deux grosses voitures pesamment chargées et par conséquent de grandes dimensions n'ayant pas été admis en principe, le pont n'aura
qu'une largeur réduite de 5^{m},50 pour la chaussée, et
de 1 mètre de chaque côté pour les trottoirs.

« Comme dernière indication au sujet des dispositions générales des ponts suspendus, il convient de
faire observer que le câble supportant le tablier du
pont peut très bien passer par-dessous au lieu de passer
par-dessus ; il supporte le tablier au lieu de le soutenir. C'est là une combinaison bonne à signaler, mais

sur laquelle il est inutile d'insister, car je n'en propose pas l'application.

« Quant à la nature du métal à employer, c'est au
fer qu'il convient de donner la préférence, le cuivre
serait trop cher et, malgré sa durée plus grande, il

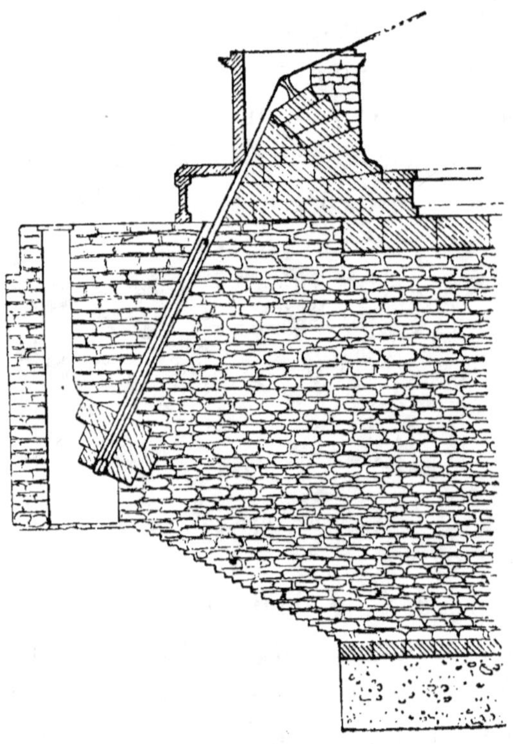

Fig. 52. — Amarrage des chaînes dans les culées.

offre cependant une résistance moindre que celle du
fer.

— Vous nous avez bien expliqué, fit un des conseillers, le mode de suspension du tablier d'un pont
au moyen de câbles ou de chaînes, mais vous ne nous

avez pas dit à laquelle de ces deux méthodes vous pensiez avoir recours.

« Je suis d'avis d'employer les câbles, non pas que les câbles aient un avantage sur les chaînes, mais parce que les usines métallurgiques du Creuzot qui viennent de se fonder près de Chavane, pourront nous livrer d'excellent fil de fer à pied d'œuvre, nous n'aurons plus qu'à le préparer à unir les fils pour former des câbles. La réunion de deux brins de fil de fer se fait en les juxtaposant sur une longueur de $0^m,10$

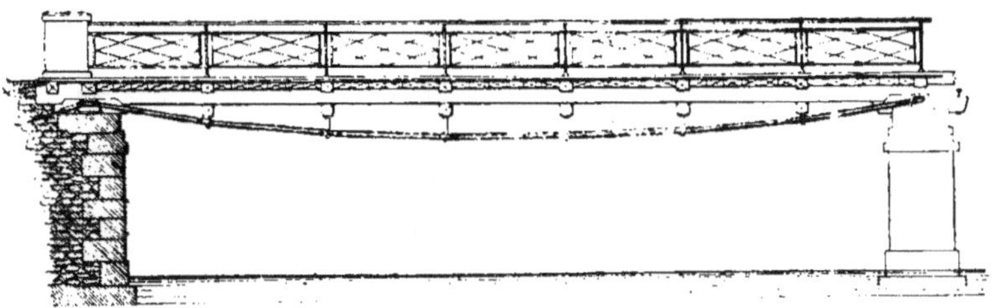

Fig. 53. — Chaînes de suspension placées sur le tablier.

et en les serrant au moyen d'une spire à hélices contiguës également en fil de fer. Ce moyen très simple est des plus efficaces. Les tiges de suspension sont indifféremment en fer rond ou en faisceaux de fil de fer; nous donnerons la préférence à ces derniers par la même raison qui nous fera employer les câbles au lieu de chaînes pour la suspension du tablier (fig. 54); il est bien entendu que les fils de fer ne seront pas tordus ensemble mais seulement juxtaposés parallèlement afin qu'ils supportent tous également la charge du tablier du pont. Chaque fil de fer de 1 jusqu'à 4 et 5 millimètres de diamètre supporte sans se briser 60 kilogrames en moyenne.

« Il me reste à vous donner quelques explications sur la marche à suivre pour le levage des câbles du pont, c'est-à-dire leur suspension et leur mise en place.

« Il est prudent de ne commencer le levage d'un pont suspendu que quand les maçonneries, celles des massifs d'amarrage, surtout, ont eu le temps de faire

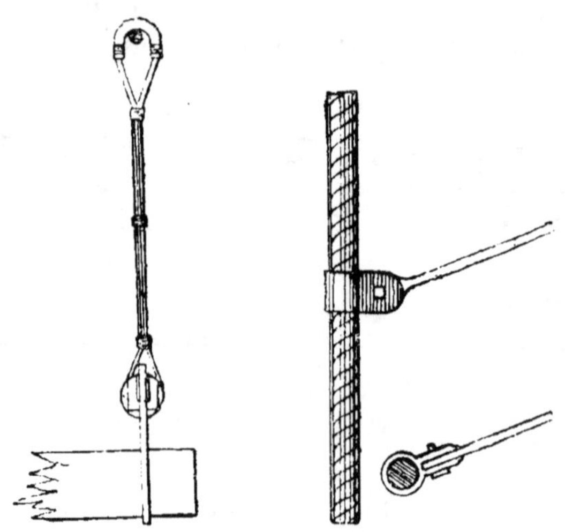

Fig. 54. — Câbles et tiges en fil de fer.

corps, de durcir et de prendre la consistance nécessaire.

« Comme nous n'aurons pas de poids exceptionnels à soulever, nous pourrons nous dispenser d'établir des plates-formes et chemins de service provisoires, et nous contenter d'employer les moyens les plus simples. Amarrer d'abord solidement les câbles d'amarrage sur une des rives, assembler au bord de l'eau même les différentes parties des câbles et les faire passer sur la rive opposée, à l'aide de bateaux : puis, au moyen de poulies et de treuils, les hisser sur les supports, c'est-à-dire sur les piles, où elles seront disposées comme il convient.

— Votre ou notre pont, si vous aimez mieux, fit un nouvel interrupteur, sera, nous n'en doutons pas exécuté dans les meilleures conditions possibles. Votre savoir et votre désir de bien faire ne sont certes pas ici en question : mais un pont suspendu est chose nouvelle, l'expérience n'en a pas encore sanctionné les résultats. Une fois le pont achevé, comment serez-vous assuré qu'il remplit les conditions désirables et peut sans danger être livré à la circulation ?

« En lui faisant subir les épreuves les plus minutieuses et les plus complètes. Pour répondre à ce qu'on attend de lui, un pont suspendu doit pouvoir supporter une charge de 200 kilogrammes par mètre carré de surface de tablier. Eh bien ! sans avoir égard à l'insuffisance de prise des maçonneries, aux imperfections du travail qui se reconnaissent peu à peu et se réparent avec le temps, le pont sera soumis à la charge de matériaux, pierre ou fer accumulés sur son tablier et représentant 200 kilogrammes par centimètre carré ; de plus des voitures et chariots pesamment chargés les traverseront dans les deux sens à différentes vitesses, et permettront ainsi de s'assurer de sa résistance à une charge mobile. Pour se convaincre de l'efficacité de ces épreuves, il suffit de se rappeler que le poids de 200 kilogrammes par centimètre carré est excessif puisque le tablier couvert tout entier d'hommes pressés à s'y coudoyer ne supporterait qu'un poids de 70 kilogrammes par centimètre carré et que l'ouragan le plus terrible ne lui imposerait qu'une charge de 68 kilogrammes par mètre superficiel.

— Je plains les chevaux et leurs conducteurs.

— Les voitures ne seront ni attelées, ni conduites; mais mises en mouvement au moyen de palans placés aux extrémités du pont.

— Maintenant quelle sera la dépense d'un pareil pont, et combien de temps exigera sa construction?

— Un pont suspendu, comme celui que je viens de décrire, ne coûtera pas plus de 600 000 francs, moitié moins d'un pont de pierre. Il pourra être construit dans un délai de 10 à 12 mois. »

Le conseil municipal de Chavane accepta les propositions qui lui étaient faites. Il ne pouvait, du reste, faire autrement. Les explications de l'ingénieur étaient parfaitement présentées; sa valeur et son mérite offraient toute garantie.

Les travaux commencent donc, les fondations des piles et des culées s'exécutent dans les conditions ordinaires, analogues à celles employées précédemment. Un bâtardeau entoure l'emplacement des piles; il est mis à sec, des pieux sont battus dans le sol trop peu résistant, la maçonnerie s'élève sur les pieux et des enrochements défendent les basses-œuvres.

Dès que la maçonnerie, achevée dans de bonnes conditions, et suffisamment prise; les câbles sont mis au levage ; le tablier est en place ; les bois et les fers sont peints. Le pont a favorablement subi toutes les épreuves qui lui ont été imposées, sa solidité, sa bonne construction ont été constatées et, dans les délais indiqués, il est livré à la circulation (fig. 55).

Par une belle après-midi du mois de mai qui suivit l'achèvement du pont suspendu de Chavane, la

Fig. 55. — Le pont suspendu.

ville était en fête. Les promeneurs se pressaient sur les quais, le drapeau aux trois couleurs flottait à toutes les fenêtres. Le préfet, le maire, les fonctionnaires, en grand uniforme, tout heureux de leur importance, se dirigeaient en hâte vers la tête du pont, où les attendait la garde nationale, rangée sur deux lignes et commandée par son colonel qui, prudemment, avait mis pied à terre.

Tous les yeux étaient fixés sur l'autre extrémité du

pont. Chacun racontait, expliquait à sa guise ce qu'il attendait, ce qu'il comptait voir.

Les propos différaient peu de ce qu'ils avaient été autrefois, lors de la venue du cardinal, et pourtant ce n'était ni un souverain, ni un ministre que comptaient recevoir les habitants de Chavane ; c'était bien mieux : c'était un bataillon de chasseurs d'Afrique qui rentrait en France après une brillante campagne en Algérie.

Soudain, là-bas, dans la campagne, retentissent les sons du clairon ; on voit s'élever un nuage de poussière ; on entend les pas cadencés des hommes ; on distingue les uniformes et, à la vue du drapeau déployé, glorieuse loque criblée de trous noirs, éclate dans la foule un immense hourrah.

Les chasseurs, eux, ont oublié les fatigues de l'étape ; ils sont droits, marchent d'un pas relevé, le fusil sur l'épaule et le képy en arrière. Les clairons jouent une joyeuse fanfare et tout le bataillon, son commandant en tête, s'engage sur le pont en marquant le pas.

Ce mouvement, imprime au pont un balancement qui va toujours en augmentant, et comme ces vibrations animent les soldats, il les suivent en les accentuant ; plusieurs même se mettent à siffler pour rendre leur marche plus régulière.

Mais, à peine la première travée est-elle franchie, qu'un effroyable cri retentit de toutes parts, cri de détresse et d'horreur, cri de désespoir et d'effroi. Le pas régulier et cadencé des soldats a fait tendre les chaînes du pont outre mesure. La travée centrale s'est creusée, les travées antérieures se sont brusquement redressées, et toutes les trois, surchargées et ébranlées, éprouvent d'effrayantes oscillations.

Les soldats, qui, naguère, marchaient avec tant d'entrain au feu de l'ennemi, reculent, un moment, effrayés de ce danger qu'ils ne voient pas, mais qu'ils devinent et pressentent. Le commandant, debout sur ses étriers, crie en avant. Il comprend qu'il faut empêcher cette masse d'hommes affolés de se ruer les uns sur les autres, que leur rassemblement sur un seul point du pont va causer un désastre. Mais sa voix n'est pas entendue, le mal est désormais sans remède ; un bruit semblable à des décharges d'artillerie s'est fait entendre ; ce sont les fils des chaînes du pont, qui se rompent successivement. Les amorces de la rive droite n'ont pu résister au choc qui leur a été imprimé ; elles se brisent à leur tour, glissent sur les poulies, et le pont tout entier s'abîme dans la rivière.

Après quelques instants d'un effrayant silence retentissent d'effroyables clameurs, des cris de détresse et de désespoir et, au milieu des flots soulevés, les spectateurs n'aperçoivent plus que de rares débris surnageant au hasard, dernier soutien des malheureux que des barques détachées en hâte s'efforcent de secourir.

XVIII

Cet effroyable désastre causa la plus vive émotion par toute la France.

On fit de splendides funérailles aux corps des victimes retirées du fond de la rivière.

Le préfet prononça un discours dans lequel il parla en termes émus de la douleur du roi, le vrai père de ses sujets.

Et on crut l'affaire finie.

Mais les journaux de l'opposition, mais les libéraux, comme on appelait alors les descendants de Talvas et de Draden, saisirent avec empressement cette occasion de parler de l'incurie du gouvernement, de la négligence de l'administration, du peu de soin qu'elle mettait à veiller sur la sécurité, sur la vie des citoyens. Que faisait le roi-citoyen pendant que ces héros, après avoir versé leur sang sur le champ de bataille, succombaient si tristement sur le seuil de la patrie?

Chaque matin de nouvelles protestations, fausses

et exagérées, se terminaient par une objurgation véhémente, par un appel à l'opinion publique qui demandait satisfaction prompte, complète, rapide et entière.

Le ministre, le préfet étaient aux abois; on parlait d'une interpellation à la chambre.

Alors on éleva un monument en l'honneur des victimes; on prononça de nouveaux discours; on offrit une épée d'honneur à un officier survivant, on décora deux soldats qui avaient échappé au désastre; on envoya l'ingénieur en disgrâce dans un autre département.

Mais, chaque jour, ses récriminations recommençaient plus violentes.

Comme le régime parlementaire s'était implanté en France, le ministre se servit d'un moyen que lui donnait cette admirable institution, nomma une commission, la commission nomma son président et son rapporteur, et un beau jour le ministre, montant à la tribune, put annoncer que la commission avait fonctionné, que le président avait présidé, que le rapporteur avait fait un rapport, que ce rapport lui avait été remis et qu'il l'avait déposé dans un carton.

Cette fois on ne trouva rien à dire, on comprit que le dépôt de ce rapport empêchait d'insister de nouveau; on dut reconnaître que l'opinion publique avait reçu la satisfaction demandée.

Cette solution satisfaisante, paraît-il, au point de vue politique, l'était peu au point de vue pratique et les habitants de Chavane ne la trouvèrent pas de leur goût. Leur pont était détruit, leur ville était séparée en deux tronçons, les deux faubourgs, étaient sans communication entre eux, et les intérêts de tous en ressentaient les plus grands dommages.

La ville, en effet, a pris un accroissement considérable; sur la rive droite elle s'étend autour de la citadelle et en couvre le sommet; sur la rive gauche, elle n'est plus limitée par le canal de dérivation de Vauban, mais le dépasse et gagne la campagne.

De grands établissements industriels se sont établis sur les bords de la rivière; le plus important est celui qui occupe l'emplacement des ateliers de tissage de câbles, de fabrication d'instruments de fer des Gaulois. On y construit maintenant des bateaux de bois et de fer destinés à naviguer sur tous les fleuves d'Europe. En face est un grand moulin dans lequel on vient d'installer des meules mues à la vapeur. Plus loin, ce sont des corderies, des teintureries, des magasins remplis de marchandises de toutes natures qu'on charge sur des bateaux ou sur des voitures, et enfin, honte que, par bonheur, Talvas ne peut voir, près de l'endroit où se dressait son auberge, s'est intallée une *fabrique* de vins de Bourgogne et de vins de Champagne!

Tout ce mouvement, toute cette activité ne peut rester sans emploi, il lui faut un débouché. Il faut que les ouvriers, les patrons, les marchands, les producteurs puissent aller sans encombre d'une rive à l'autre de la Vaone; il faut que les transports s'effectuent sans être obligés de rompre charge.

Les députés de l'arrondissement sont pris à parti ; on leur demande d'intervenir, d'assurer, d'obtenir la construction d'un pont. Ils comprennent que le succès de leur réélection est compromis s'ils ne réussissent pas et entament une vigoureuse campagne à ce sujet auprès du gouvernement.

Ils obtiennent gain de cause. Le nouvel ingénieur en chef du département est chargé des études préliminaires.

L'idée d'un pont suspendu n'est pas même mise en discussion ; c'est un pont de pierre que chacun réclame.

L'emplacement choisi est le même que celui qui avait été accepté pour le pont suspendu. Le mouvement des affaires, le tracé des rues ne s'est pas modifié depuis la chute de ce dernier. Le lit de la rivière est encombré de débris de matériaux de toutes sortes, pierres, bois et fer. L'ancien pont de Vauban n'a même pas encore été complètement détruit. On voit, pendant les basses eaux, les derniers vestiges de ses fondations et de l'enrochement de ses piles. Ces débris sont une gêne et un danger pour la navigation ; il faut les enlever avant tout autre travail.

Les opérations préliminaires ont donc pour objet de reconnaître exactement l'état du lit de la rivière, de briser les gros blocs de béton employés dans les fondations. Ces blocs ne peuvent être utilisés et leur volume est trop considérable pour qu'on puisse les retirer tels qu'ils sont. Il faut aussi arracher les pieux sur lesquels ont été construites les piles, car les piles nouvelles n'occupent pas exactement le même emplacement que les piles anciennes. Enfin, il faut enlever tous les débris qui seront le résultat de ces diverses opérations et nettoyer, pour ainsi dire, le fond de la rivière.

Afin de ne pas laisser en souffrance les intérêts des riverains, on installe un pont provisoire sur bateaux qui donne satisfaction aux besoins les plus urgents.

On suppose que l'exécution de l'ensemble des travaux projetés exigera deux ans environ ce qui, relativement, est peu et s'explique par les moyens perfectionnés dont, dès cette époque, dispose cette science industrielle qu'on appelle le génie civil.

Pour reconnaître l'état du fond de la rivière, on se sert d'une cloche à plongeur (fig. 56).

La cloche à plongeur n'est pas seulement un appareil utile pour l'exécution des travaux ; c'est avant tout un appareil de visite et de recherche sous l'eau.

Le principe de cet appareil repose sur la compressibilité de l'air. Quant à l'appareil en lui-même il consiste en une cuve renversée, en bois ou métal aussi imperméable à l'eau qui l'environne qu'à l'air qui l'emplit. Le renouvellement de l'air contenu dans la cloche est assuré par l'expulsion de l'air vicié s'opérant au moyen d'une pompe aspirante ou de tuyaux aboutissant à la surface de l'eau. L'introduc-

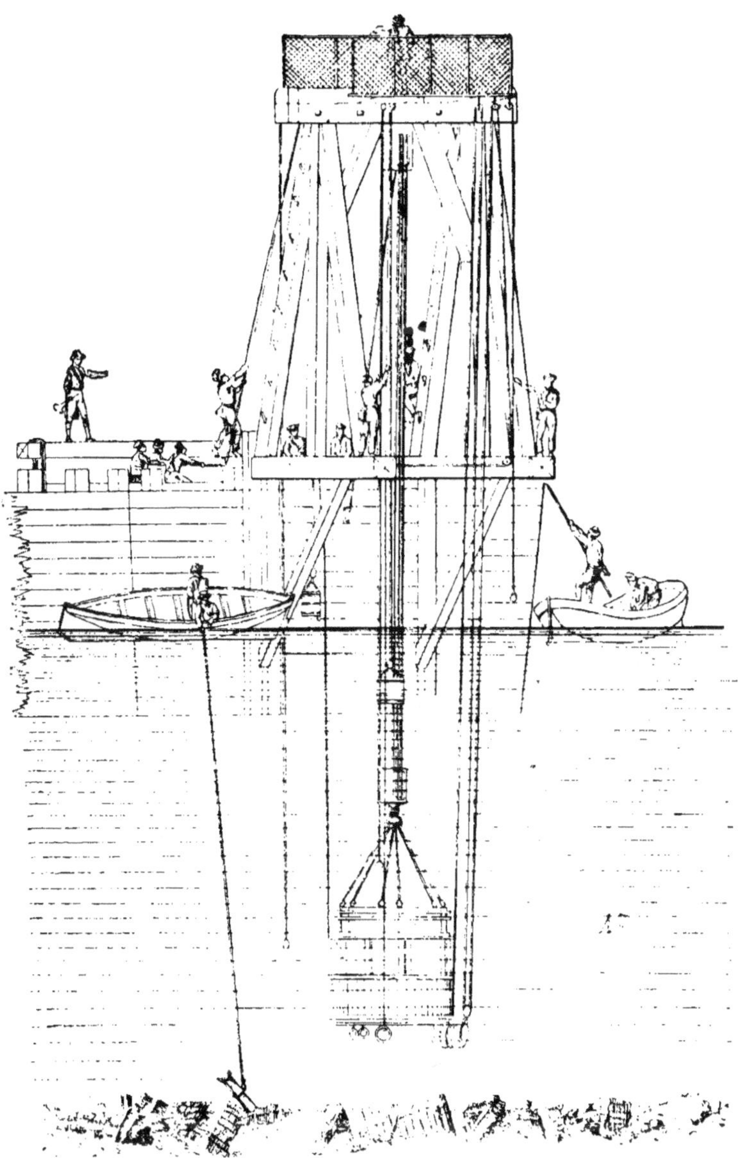

Fig. 56. — La cloche à plongeur.

tion de l'air frais se fait à l'aide d'une pompe foulante ou par l'emploi d'une chaîne sans fin formée de petits barillets.

La cloche à plongeurs se manœuvre à l'aide d'un échafaudage placé, soit sur un radeau, soit sur la terre ferme. Sur la plate-forme supérieure de l'échafaudage, roule un treuil auquel est accroché le câble qui fait monter et descendre la cloche.

De grosses lentilles éclairent l'intérieur de la cloche et des signaux convenus mettent en communication les ouvriers placés dans la cloche et ceux restés à l'air libre. Un poids considérable ajouté à la cloche la fait descendre, tandis qu'un contre-poids facilite sa remonte.

Grâce à la cloche à plongeur, tous les bois, tous les fers encastrés dans les pierres sont attachés à des câbles et, sans difficultés, retirés de l'eau. Il en est de même des blocs de pierres que leurs dimensions permet de manœuvrer et dont le bon état de conservation permet l'emploi (ponts et chaussées).

Quant aux blocs de béton formés de couches successives agglomérées et faisant une masse que sa dureté ne permet pas d'attaquer avec les outils ordinaires, on les fait éclater à l'aide de la poudre.

Un ouvrier, logé sous la cloche à plongeur, creuse une cavité dans le bloc, y place une petite boîte de métal pleine de poudre et met cette boîte en communication avec l'extérieur au moyen d'un long tube métallique. Il introduit par ce tube la poudre et la mèche nécessaires à l'explosion, puis la cloche est remontée, l'explosion se produit, le bloc est divisé; on enlève les plus gros débris dans une benne mise en mouvement par un treuil et les plus petits avec une drague.

L'emploi de la drague (fig. 57) était d'autant plus utile que des atterrissements, des dépôts de vase

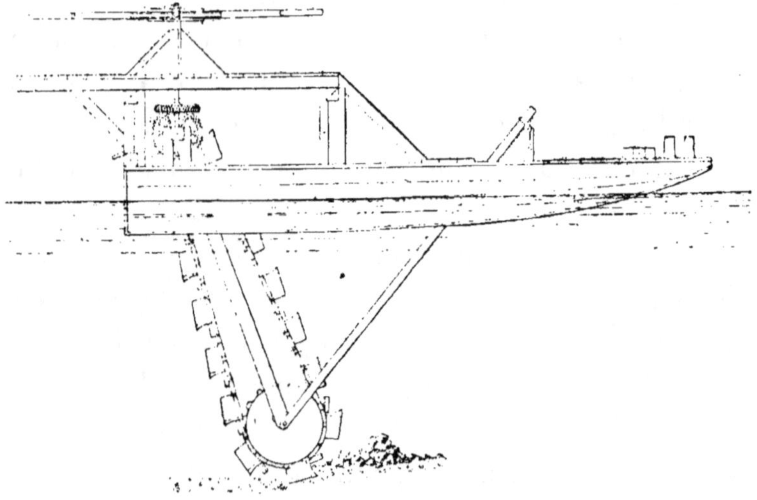

Fig. 57. — La drague.

s'étaient formés autour des matériaux amoncelés et qu'il était indispensable de rendre au lit de la rivière sa profondeur et son débouché normal.

Une autre opération, qui offre de sérieuses difficultés, est l'arrachement des pieux sur lesquels avaient été établies les fondations primitives. Ces pieux sortent en partie du sol, le béton qui en remplissait les intervalles est déplacé, les enrochements qui les défendaient ont été brisés et enlevés. Ces énormes pieux saillants forment, pendant les basses eaux, un écueil très redouté des bateaux d'un fort tonnage.

La cloche à plongeur rendit encore en cette circonstance d'importants services. Un ouvrier, descendu au fond de l'eau, passa autour de la tête de chaque pieu une boucle, un anneau (fig. 58) attaché à un câble qui s'enroulait sur un treuil. Un bateau,

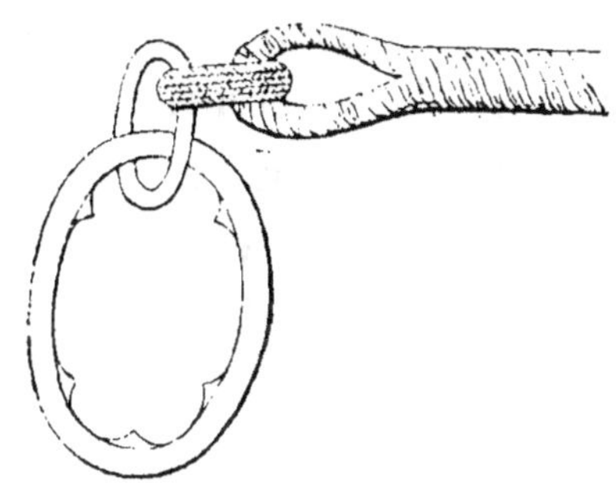

Fig. 58. — Anneau pour arracher les pieux.

équipé en conséquence (fig. 59), portant le treuil et le câble, fut amené au-dessus des pieux. Ceux-ci, sollicités par le mouvement communiqué au bateau, grâce aux contre-coups donnés au câble, cédèrent bientôt et vinrent flotter à la surface de l'eau.

L'état dans lequel ces pieux reparurent montra qu'il ne faut pas avoir une confiance absolue dans ce procédé de construction et dans la solidité qu'elle doit communiquer aux maçonneries dont ils ferment la base.

Ceux de ces pieux enfoncés droit et ayant conservé

leur aplomb formaient l'exception. Le plus grand nombre s'était brisé en pénétrant dans le sol et avait dévié de leur direction première sous l'effort du « mouton » qui les frappait. Les uns, rencontrant un corps trop dur, avaient eu leur sabot détaché et s'étaient écrasés sur le sol, d'autres s'étaient brisés, séparés en deux parties pénétrant l'une dans l'autre; ceux-ci, enfoncés obliquement, s'enchevêtraient avec d'autres pieux enfoncés à côté pour les remplacer et les consolider (fig. 60).

Tous ces travaux préliminaires furent longs et difficiles, cependant ils s'achevèrent, et la construction du pont fut commencée d'une façon effective. L'ingénieur avait mis le temps à profit; son projet était étudié et arrêté, il pouvait désormais s'occuper des moyens de le réaliser.

Le déboisement opéré sur les montagnes dans lesquelles la Vaone prend sa source et qui bordent son cours, eut pour résultat de laisser immédiatement couler dans son lit les eaux pluviales qui, autrefois, avant d'atteindre le sol, s'évaporaient en partie sur les feuilles et les branches des arbres. De là après un orage, des crues rapides et après une saison pluvieuse, des inondations dont la ville et ses faubourgs avaient souvent à souffrir.

C'était là une considération nouvelle dont il fallait tenir grand compte dans la construction du pont, car si d'un côté l'administration municipale demandait

Fig. 59. — Bateau servant à arracher les pieux.

l'élargissement des quais, d'un autre la prudence la plus élémentaire recommandait de ne pas rétrécir le

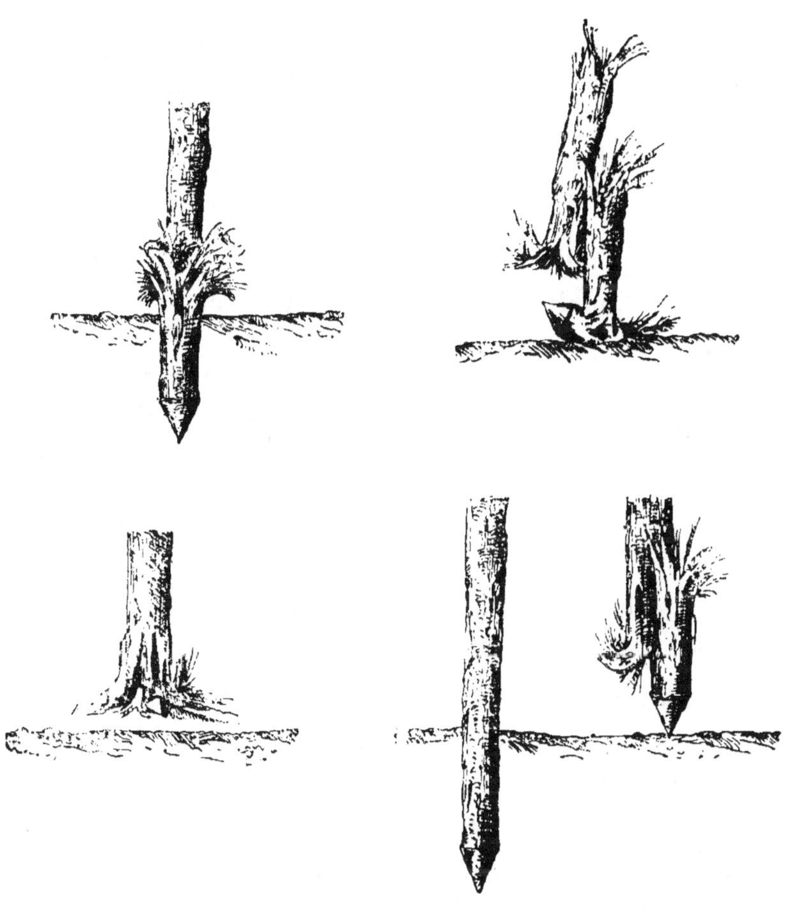

Fig. 60. — État des pieux retirés de l'eau.

lit de la rivière et de ne gêner ni retarder en rien l'écoulement de ses eaux.

Le pont suspendu, de si triste mémoire, avait autrefois heureusement résolu cette partie du programme, et avait laissé aux eaux le plus large débouché possible. L'ingénieur a fait de cette condition le point de départ de ses études. Son pont n'aura que deux piles de petite section et ne comprendra, par conséquent, que trois arches : deux de rives portées sur une culée et une pile, et une centrale portée sur deux piles.

Dans son rapport l'ingénieur rappelle que le pont de Vauban, réduit par cinq piles de fortes sections, n'avait que 68 mètres de débouché, tandis que le pont suspendu en avait 74 mètres, et que c'est de

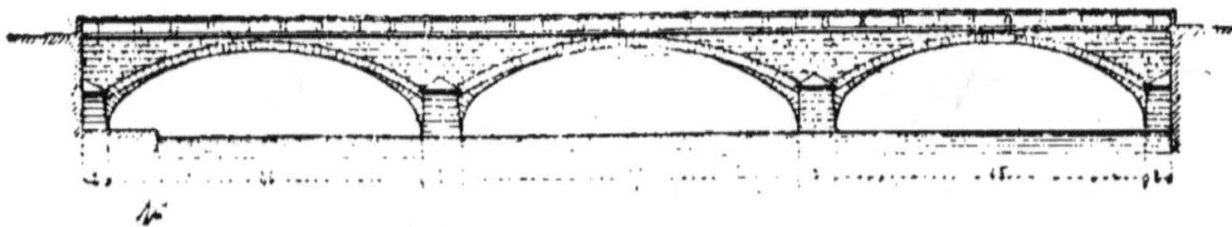

Fig. 61. — Tracé du pont de pierre.

cette dimension qu'il convient de se rapprocher.

La largeur de la rivière, entre les quais, est actuellement de 90 mètres. La moindre saillie nécessaire aux culées est 2 mètres et la moindre section des piles 3 mètres, soit donc 10 mètres qu'il faut retrancher et qui réduisent à 80 mètres le débouché du pont. Ce débouché paraît trop considérable et il est réduit de 3 mètres qui permettent de donner un peu plus de largeur aux quais de la rive droite.

Le débouché reste encore de 77 mètres supérieur de 9 mètres à celui du pont de Vauban, et de 3 mètres à celui du pont suspendu, jugé suffisant.

Cette largeur de 77 mètres est ensuite répartie entre les trois arches, savoir : 25 mètres pour chacune des arches des rives, et 27 pour l'arche centrale (fig. 61).

Il faut remarquer, dès à présent, car la chose aura plus tard de graves conséquences, que la section des piles réduites à 3 mètres est suffisante pour les charges qu'elles ont à supporter, car les arcs neutralisent leurs poussées réciproques ; mais que dans ces conditions, les piles ne pourraient contre-butter ces arches et que par conséquent, si l'une vient à manquer, elle entraînera les deux autres dans sa chute.

La largeur du pont (fig. 62) est fixée à 10^m,80, soit 6 mètres de chaussée, 2 mètres de trottoir de chaque côté, et 80 centimètres d'épaisseur pour les deux parapets.

Ces dispositions générales prises et acceptées, il ne reste plus qu'à les mettre à exécution.

L'industrie humaine a fait de grands progrès ; les moyens dont elle dispose sont de plus en plus puissants et les solutions qu'elle obtient plus rapides et plus favorables.

Les fondations au moyen de caissons foncés ont été employés pour la première fois en Angleterre, à la construction du pont de Westminster ; depuis, on a perfectionné ce procédé et on l'a appliqué en France à la construction des ponts de Saumur et de Tours, aux grands travaux des ports de Dieppe et de Tréport.

Ce procédé va être mis en usage pour les fondations du pont de Chavane.

Un caisson destiné à de tels ouvrages (fig. 63) représente un ponton de forme particulière, grand bateau plat, au fond formé de poutres jointives ou de madriers croisés. Les parois verticales sont formées de châssis ou madriers assemblés à joints serrés et calfatés. Ces châssis s'ajoutent, se démontent, se séparent du fond lorsqu'ils sont devenus inutiles. Afin de donner à ces parois une plus grande résistance, on le relie par des tirants en fer verticaux, horizontaux et diagonaux, qui servent d'étrésillon et répartissent également la poussée de l'eau sur les deux faces rendues solidaires.

Les caissons ont naturellement la forme des piles du pont; ils sont munis d'avant-becs aigus sur lesquels l'eau glisse et file le long des parois. Il arrive même, parfois, que ces caissons sont divisés en compartiments étanches lorsqu'ils sont de dimensions excessives; mais cette précaution était inutile, les piles du pont de Chavane ne l'exigeaient pas.

Le caisson est construit sur le bord même de la rivière; pour le mettre à flot, on le fait couler sur un plan incliné et on le conduit à l'endroit où il doit être immergé, endroit qu'on a eu soin d'indiquer exactement sur un grand câble tendu d'une rive à l'autre.

On charge le caisson de matériaux lourds, de façon à le faire échouer au fond de l'eau ; mais, malheureusement, un bloc de béton resté à l'emplacement que doit occuper le caisson l'empêche de s'asseoir horizontalement ; il incline à gauche d'une façon notable, on le déleste donc, on le laisse flotter et on descend en hâte une cloche à plongeur installée sur un radeau. Les ouvriers constatent la

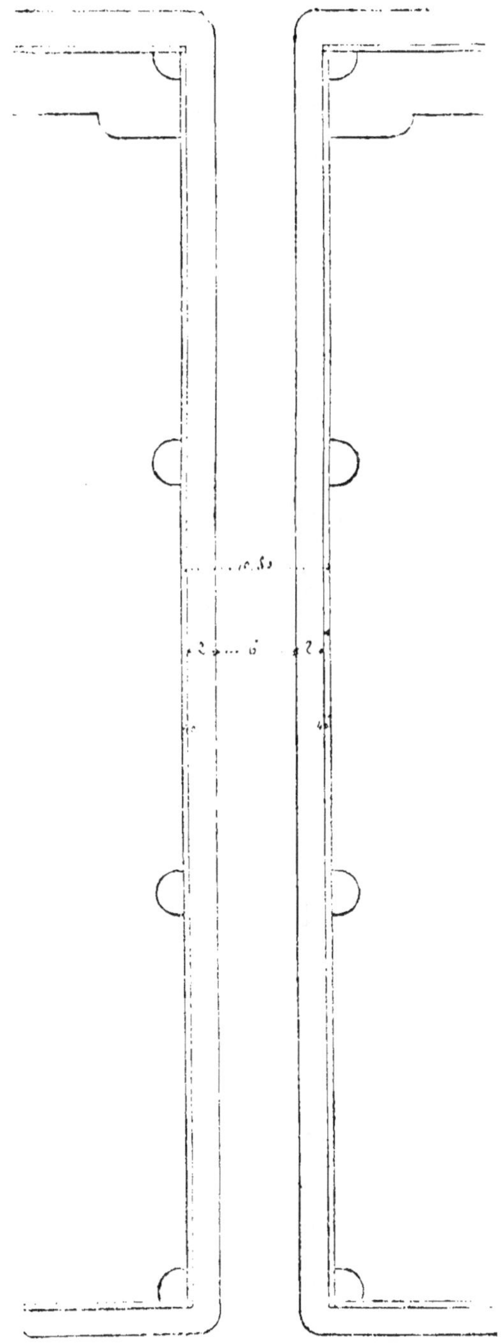

Fig. 62 — Plan du pont de pierre.

présence du malencontreux bloc de béton; ils le remontent, et le caisson peut alors régulièrement s'échouer. Un pont de service le relie à la terre ferme et on amène les matériaux nécessaires par terre et par eau.

Le fond du caisson doit être rempli de béton, c'est

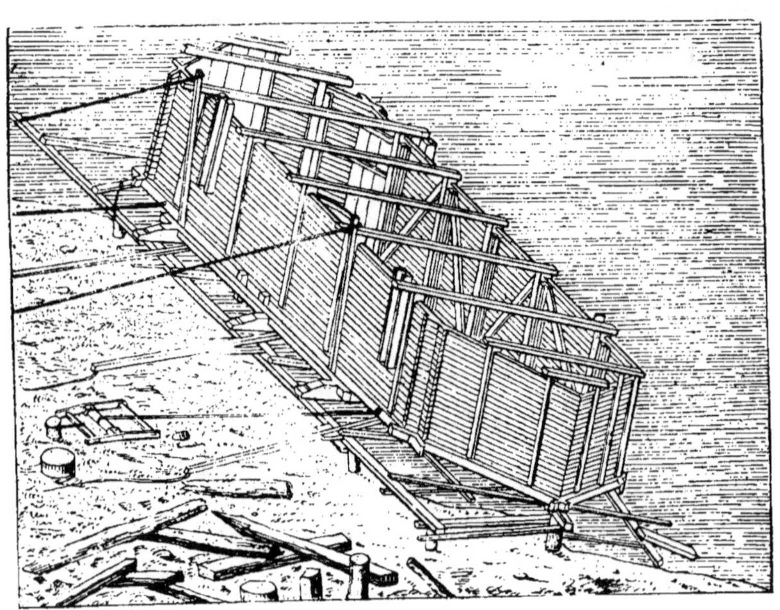

Fig. 63. — Caisson pour établir les fondations.

la matière qui, en pareil cas, a le plus d'importance. Celui qu'on emploie se compose :

0,45 de mortier {
0,225 chaux hydraulique en pâte ou
0.225 ciment du pays;
0,225 sable.

0,87 de cailloux roulés, brisés, ou de pierres cassées;
1.32 réduit à 1 mètre de béton après la manipulation.

Ce béton aurait pu être descendu dans la fouille au moyen de gaines en planches; mais à cause de la profondeur de la fouille, il eût fallu donner à ces gaines une longueur démesurée qui en eût rendu le maniement difficile. On préfère le descendre dans des caisses (fig. 64) manœuvrées, à l'aide de câbles et de treuils qui permettent de le faire arriver directement au point convenable. Le fond de ces caisses est mobile, une

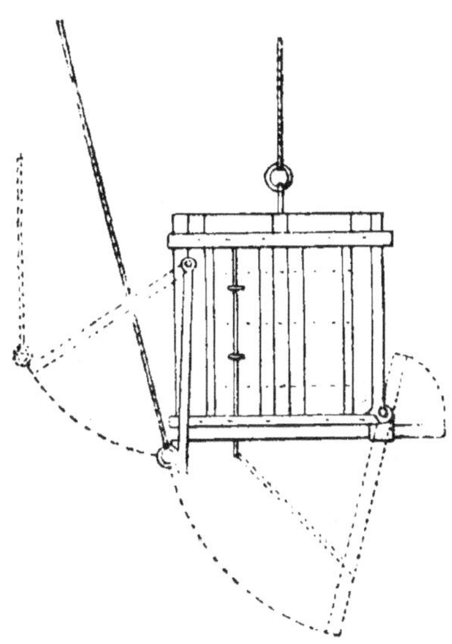

Fig. 64. Caisse pour descendre le béton dans les fondations.

chaînette fait jouer une tringle, le fond se détache, le béton s'écoule, la caisse remonte ; elle est de nouveau fermée, remplie et descendue.

Au-dessus des assises de béton auxquelles on a donné un large empâtement, s'élève la maçonnerie, en pierre de taille, des piles qu'on monte au-dessus du niveau de l'eau. L'enveloppe du caisson est alors devenue inutile ; on la détache du fond et on la remonte à

terre. Comme les deux piles et les culées ont été construites en même temps, les points d'appui sont prêts
à recevoir les arches.

La naissance des arcs commence au point où les
piles émergent de l'eau, niveau moyen.

On obtient ainsi une hauteur suffisante avec ces
arcs sans être obligé de remonter le tablier ni de
lui donner une inclinaison gênante pour la circulation.

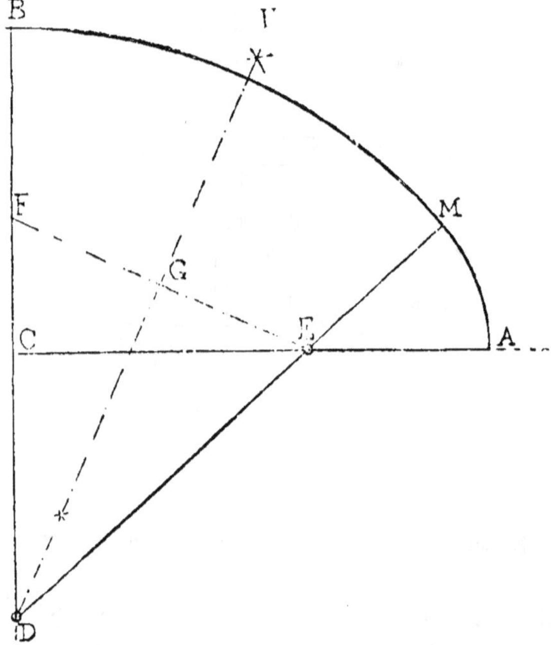

Fig. 65. — Tracé de l'arc en anse de panier

La forme de l'arc est une anse de panier à trois
centres, déterminée par la méthode de Perronet (fig. 65).

La largeur de l'arc central pris pour exemple est
de 7 mètres et le rayon de 8 mètres.

Étant données deux lignes droites, BD et AC, se

coupant à angle droit, on prend, sur BD, une longueur quelconque, BF, qu'on reporte sur AC en A.
On trace la ligne EF et, sur cette ligne, on élève une
perpendiculaire qu'on prolonge jusqu'à la rencontre
de la ligne BD. A point de rencontre et les points
d'intersection de la ligne FE et de sa symétrique
sur la ligne AC sont les centres de l'arc à tracer.

Ce tracé est le point de départ de l'établissement des

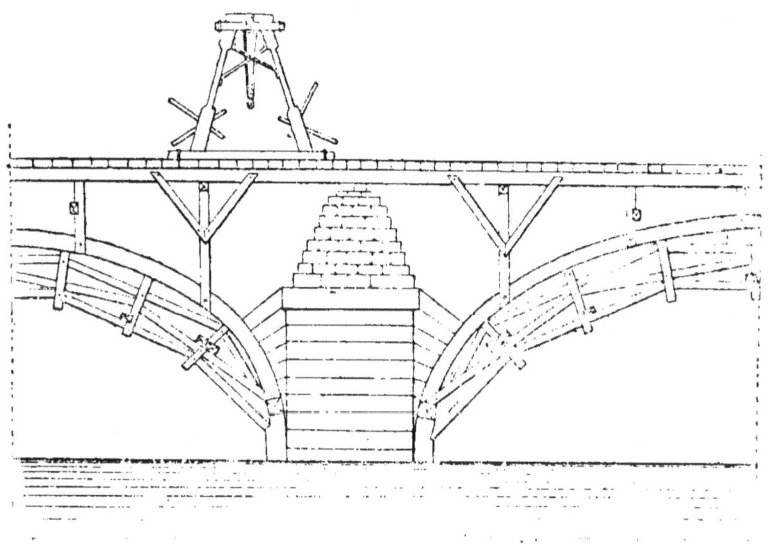

Fig 66. — Cintres et chemin de service.

cintres (fig. 66) sur lesquels vont s'appuyer les voussoirs des cordes. Au-dessus de ces cintres est établi un
chemin de service permettant l'approche des matériaux.

Une grue mobile (fig. 67) chèvre double, soulève
les gros blocs de pierre et les descend précisément à
l'endroit qu'ils doivent occuper.

Les voûtes surbaissées ont pour direction des arcs

de cercle, des segments, ou des courbes à plusieurs
centres ou anses de panier. Les arches en segment
ont été employées avec succès au pont de la Concorde

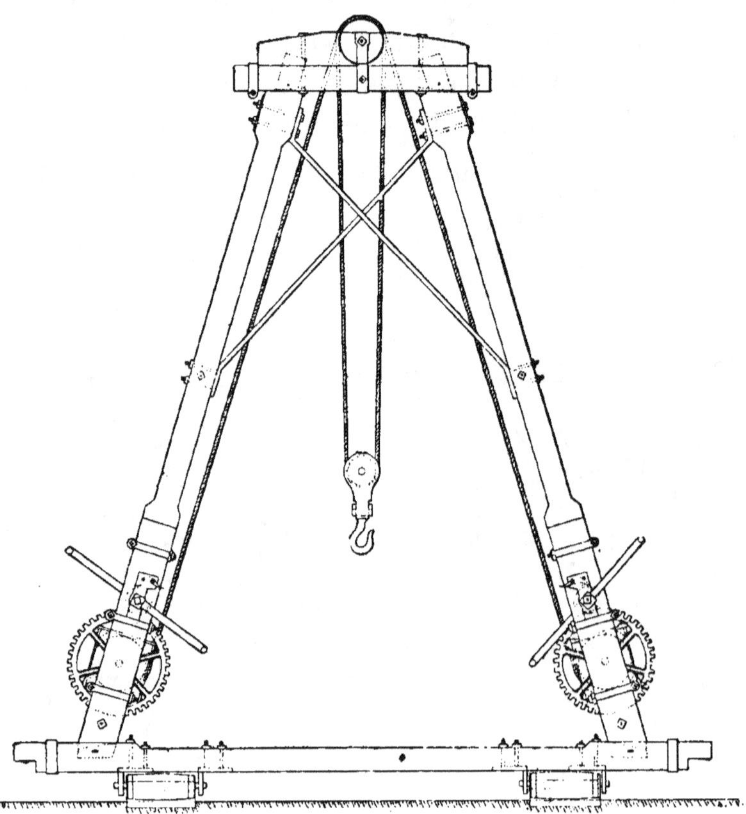

Fig. 67. — Chèvre double.

et au pont d'Iéna à Paris. Elles ont une grande hardiesse; mais leur tracé a quelque chose de sec qui ne
se rattache pas bien aux piles, sans compter qu'elles
exercent une poussée considérable et sont par conséquent difficiles à contre-butter.

De leur côté, les voûtes en anse de panier offrent un

débouché moins favorable à l'écoulement des eaux ; elles ont en apparence et en réalité une solidité plus grande et se rattachent mieux aux piles qu'elles épousent dès leur point de départ.

Perronet a eu l'idée d'associer ces deux courbes, et son exemple a été suivi au pont de Chavane (fig. 68). Les arches sont bien formées par des anses de panier ; mais des arcs de cercle sont tracés sur les têtes et

Fig. 68 — Segment d'arc combiné à un arc en anse de panier (corne de vhace).

sont raccordés sur les voûtes au moyen de surfaces gauches appelées cornes de vache.

L'élargissement des ouvertures et des débouchés du pont facilite ainsi l'écoulement des eaux l'ensemble de la construction prend une grande apparence de hardiesse et de fermeté.

Dans ces conditions, l'épaisseur des reins des voûtes

est considérable, les remplir de béton, de maçonnerie, de briques ou de moellons les chargerait d'un poids énorme et occasionnerait une dépense sans profit pour l'œuvre. On laisse donc vide l'espace entre les arcs et la partie supérieure des piles, tout en élevant, de distance en distance, des massifs contre-buttant les poussées des voûtes ; et on supporte le tablier par un arc continu (fig. 69) reliant l'extrados des voûtes et le fût des piles.

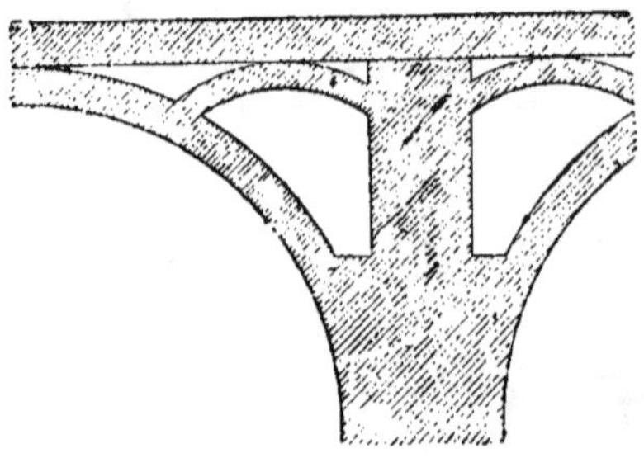

Fig. 69. — Arcs de remplissage des reins.

Le gros œuvre est terminé ; on établit la chaussée ; on pose les bordures des trottoirs et les socles des balustrades, mais comme le pont se trouve à l'intérieur d'une ville, qu'un bahut plein empêcherait les passants de voir la rivière, serait triste et peu décoratif, on a pris le parti de placer une balustrade à jour et de ne l'installer qu'après avoir fait subir au pont les épreuves de solidité nécessaires, afin d'éviter la dislocation possible dans des pierres peu résistantes et de petites dimensions.

Le décintrement d'un pont, c'est-à-dire l'opération

qui a pour objet d'enlever les étais ayant servi à sa construction, a ordinairement lieu avant de soumettre ce pont aux épreuves qui permettent de reconnaître sa solidité. S'il se manifeste un affaissement dans une partie quelconque de l'œuvre, on enlève promptement la charge d'épreuves et on recintre le pont en toute hâte. Ces opérations ne peuvent pas toujours s'effectuer aussi rapidement qu'il serait désirable; des désordres graves se manifestent alors dans la construction; on y remédie difficilement par des réfections partielles et la durée du pont s'en trouve singulièrement abrégée. De plus, la dépense occasionnée par le décintrement et le recintrement des arches est considérable et n'ajoute aucune valeur au pont.

On peut éviter ces inconvénients par l'emploi d'un système fort ingénieux dont les applications sont aujourd'hui très fréquentes.

Les poteaux inférieurs qui servent de pieds aux cintres sont successivement sciés à une certaine hauteur et garnis à leur extrémité d'une boîte en fonte remplie de sable. Un orifice ménagé à la partie inférieure de la boîte s'ouvre à l'aide d'un robinet.

Le robinet ouvert laisse échapper une certaine quantité de sable; le cintre baisse d'autant, et les arches abandonnées à elles-mêmes se soutiennent seules. Elles reçoivent leur charge d'épreuves et ne baissent que de la hauteur donnée en excès aux cintres. Cet abaissement résulte du tassement des voussoirs, de la compression du mortier, et ne laisse paraître aucune fissure.

Ce système fut employé au décintrement du nouveau pont de la Vaòne l'examen permit de constater dans les joints des voussoirs, près des clefs, quelques fissures qui avait amené un affaissement de 5 à 7 millimètres. C'était assurément peu de chose; néanmoins, de crainte d'accident. on posa, en toute hâte, des cales entre les cintres et l'arc, de façon à reconstituer le cintre; on refit les joints fendus; on les remplit

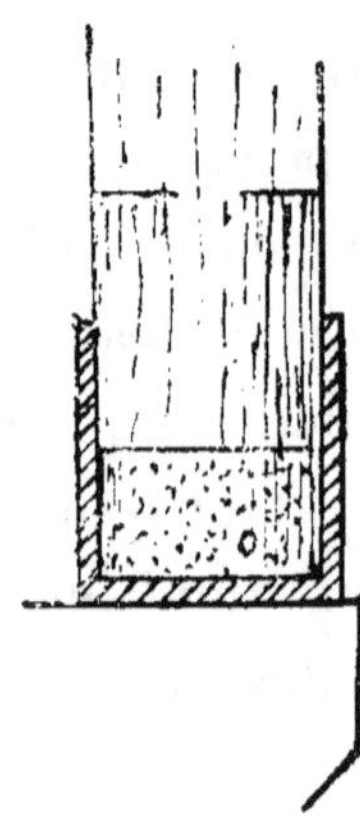

Fig. 70. Boîte à décintrement.

de ciment et on décintra de nouveau. Les joints reformés restèrent intacts, aucun affaissement ne se manifesta et les cintres disparurent l'un après l'autre laissant voir les trois grandes arches franchissant hardiment le lit de la rivière.

Le pont est achevé; il a reçu sa balustrade, ses appareils d'éclairage, et il est livré à la circulation.

Le jour de son inauguration fut une fête populaire;

le maire, le préfet, un ministre prononcèrent des discours. On distribua des décorations. On cria vive le roi et la joie populaire fut sans bornes.

Cette époque correspond à celle de la plus grande prospérité de la ville de Chavane.

Elle était devenue l'entrepôt des marchandises qui, de la Provence, de l'Orient, de l'Italie, de la Suisse, étaient dirigées vers le nord de l'Europe. Chaque jour, des centaines de voyageurs arrivaient ou partaient sur les bateaux à vapeur de la Vaone. Le mouvement des diligences, des chaises de poste, des lourds fourgons était incessant. De grands hôtels bordaient les quais, des magasins immenses abritaient les productions apportées du nord et du midi. De grands convois de bateaux emportaient le charbon, le minerai, les fers ouvrés des usines de Montchanin, du Montsot et du Creuzot, dont l'importance croissait chaque jour. Les ateliers de construction des bateaux de fer travaillaient sans relâche ; le Creuzot fournissait les machines, et les bateaux complétement achevés descendaient le Rhône, traversaient la Méditerranée, la mer Noire, et remontaient le Volga ou bien, par les canaux intérieurs, parvenaient à la Loire, à la Seine, à la Moselle et au Rhin.

L'industrie des habitants avait suivi le même développement ; les métiers autrefois exercés par les Gaulois et les Romains, prospéraient de nouveau. On trouvait à Chavane d'habiles orfèvres monteurs de bijoux en or et en argent ; d'adroits taillandiers et

forgerons fabriquaient tous les outils en fer nécessaires à l'exercice des professions manuelles et les
exportaient au loin.

La population s'était considérablement accrue. Les
arts et les lettres florissaient ; des étrangers, en grand
nombre, étaient venus se fixer à Chavane. Il avait fallu
loger les nouveaux venus, construire des maisons de
tout ordre et de toute importance pour les nobles,
les bourgeois, les artisans répartis dans des quartiers distincts, séparés les uns des autres.

Les foires de Chavane, déjà célèbres depuis des siècles, ont encore augmenté d'importance ; les échanges
sont plus nombreux, le mouvement de l'argent plus
considérable, la fortune publique s'est accrue et avec
elle les besoins de confort et de bien vivre.

Les grands vins de Bourgogne, les volailles de la
Bresse, les poissons de la Vaone, les bœufs gras de
la plaine, les jambons, les pains d'épices, les fruits
savoureux se consomment sur place et, chaque jour,
au moment du départ ou de l'arrivée des bateaux et
des voitures, de véritables festins attendent les voyageurs.

A la fin du règne de Louis-Philippe, les mauvaises
récoltes, la rareté des grains en France, obligèrent le
gouvernement à faire venir de l'Ukraine, par voies
rapides, de grandes quantités de blés.

Ces transports suivirent la route de Marseille à

Paris, ils passèrent par Chavane, et la solidité du pont fut à cette occasion soumise à une rude épreuve.

L'invention de la vapeur appliquée à la navigation, avait été la cause de la prospérité de Chavane. L'application de la vapeur à la traction sur terre fut cause de sa déchéance.

La création du réseau des chemins de fer, la construction de la ligne directe de Paris à Marseille porta un coup terrible à la navigation de la Vaone.

Les marchandises, les voyageurs passèrent, désormais, tout droit; la prospérité de la ville fut perdue et il s'écoulera un long temps avant que ses industrieux habitants suppléent à ce qui leur a été si brusquement enlevé, et créent de nouvelles industries, de nouveaux moyens de production.

XIX

1870.

La seconde république a disparu; l'empire est venu, les Français ont encore traversé la Vaone comme autrefois les Gaulois avaient traversé la Vaatz. Il ont franchi les Alpes et ont de nouveau conquis l'Italie, puis l'empire a disparu, à son tour; les revers sont arrivés et 1870, l'année terrible, l'année fatale, est venue avec son cortège de calamités publiques et de malheurs privés.

Les armées allemandes s'approchent; on les a signalées à Beaune, près de Chagny et de Besançon après les combats sous Dijon, elles se répandent de tous côtés et, comme autrefois les Barbares, elles souillent de leur odieux contact le sol sacré de la patrie.

La campagne est désolée, les troupeaux sont rentrés en ville; les habitants ont fui, emportant leurs objets les plus précieux. Les hommes s'arment et se préparent à la lutte; les femmes excitent leur courage. Des compagnies de francs-tireurs s'organisent, une ligne de défense entoure la ville; on tire parti des ves-

tiges des anciennes fortifications de Vauban ; on les relie
par des chemins couverts et des barricades ; on forme
une enceinte derrière laquelle pourront résister des
hommes braves, courageux, décidés à se défendre. Une
batterie de campagne est installée au sommet du mamelon, encore décoré du nom de citadelle, ancien emplacement du camp romain et du château moyen âge.

Tout commerce, toutes relations d'affaire ont cessé.
La seule, l'unique préoccupation est la défense, la
protection, que chaque chef de famille doit assurer
aux siens.

Le représentant du gouvernement de la défense nationale sait quels dangers menacent la ville. Il vient
de recevoir les plus mauvaises nouvelles : les Alle-
mands ont paru à cinq lieues de Chavane. Dépassant
la Vaone au-dessus de sa source, ils l'ont suivie sur
sa rive gauche et le lendemain, ils peuvent être aux
portes de la ville.

La rivière est un obstacle naturel, une défense difficile à franchir, les habitants, bien armés, bien résolus, sont à même de tenir plusieurs jours, d'empêcher un débarquement, de gagner du temps et de
laisser venir les secours attendus du midi, secours
hélas ! bien lents à venir.

Mais le pont est là. Comme l'avait dit Gauchard, c'est
une porte ouverte, un chemin facile à suivre grâce
auquel l'Allemand parviendra au cœur de la ville.

Détruire le pont, rompre toute communication
entre la ville et les environs accidentés, coupés de
marais, de bois, dans lesquels les francs-tireurs

peuvent trouver un refuge, se reformer, harceler l'ennemi, est un parti bien grave, mais aussi c'est peut-être assurer le salut.

Le chef de la cité hésite cependant, il n'ose prendre sur lui une telle résolution, ni l'exécuter de sa pleine autorité.

Le conseil municipal se rassemble ; chacun, gravement, tristement, fait valoir ses raisons. Le sentiment patriotique l'emporte sur les intérêts privés : le pont est sacrifié !

« Nos concitoyens, disent-ils, nous ont librement mis à leur tête ; il faut nous montrer dignes de leur confiance ; il ne faut pas que, plus tard, ils puissent nous reprocher un mouvement de faiblesse ou un manque de patriotisme. Nous ne devons songer ni à nos intérêts, ni à nos préférences, le salut public est la seule considération à laquelle nous devions céder.

« Notre devoir est tracé ; il faut le remplir sans hésitation, sans arrière-pensée. »

Les habitants sont prévenus et, au milieu de la nuit, une formidable détonation se fait entendre. Le vide des reins de l'arche centrale avait été converti en dépôt de poudre, une mèche y avait mis le feu. L'explosion souleva le tablier, les voussoirs furent projetés en l'air et toute l'arche s'abîma dans l'eau. Les deux arches de rive privées de leurs points d'appui s'affaissèrent à leur tour, créant au milieu de la rivière un formidable barrage.

Du pont de pierre, l'orgueil de la contrée, construit
à peine depuis quarante ans, il ne resta plus que
d'informes débris, un colossal amas de pierres encore reliées entre elles, se dépassant l'une l'autre
dans un lamentable désordre.

XX

Le pont de fer (arcs).

Les jours de calme et de repos ont succédé aux jours de trouble et de malheur.

La paix est signée, la France a payé sa rançon. Les envahisseurs se sont retirés gorgés d'or; ils partagent leur butin et le fruit de leurs déprédations.

Chacun renaît à l'espérance, s'efforce de trouver dans le travail l'oubli et la réparation des mauvais jours. Sous le souffle puissant de la liberté, les arts, l'industrie nationale, le commerce ont pris un nouvel essor. Sur tous les points du territoire de la république se déploient une activité et une ardeur pleines de promesses et d'espérances. L'amour de la patrie a relevé tous les cœurs, l'esprit national ne connaît pas d'obstacles, il les surmonte tous.

Chavane a vu sa prospérité compromise, son importance diminuée par la création des chemins de fer et la suppression des transports par eau. Elle cherche à retrouver son ancienne splendeur, à profiter de l'ère nouvelle qui se prépare, de l'impulsion qui, d'un bout de la France à l'autre, développe, excite le génie humain, crée de nouveaux moyens de production, transforme les mœurs, augmente la richesse du pays et exerce sa bienfaisante influence sur les départements de l'ancienne province de Bourgogne.

Le climat, les productions naturelles, l'heureux caractère des habitants de ce beau pays, leur esprit alerte, leur amour du travail, les met à la tête du mouvement qui se produit.

De toutes parts s'élèvent de grandes usines, des ateliers, des manufactures. Autour de Chavane, dans la ville même, se créent des fabriques de sucre, des raffineries, des distilleries. La construction des ouvrages de fer y augmente d'importance, les Tuileries Bourguignonnes de Chagny envoient leurs produits au loin. Les bijoux en or percé abandonnés jusqu'alors aux paysannes de la Bresse, reprennent la faveur qu'ils avaient sous l'empire gallo-romain et sont recherchés dans toutes les capitales d'Europe.

Les produits naturels ne le cèdent en rien à ceux de la main des hommes. De beaux jardins entourent la ville, les coteaux sont couverts de plants de vigne et les prairies irriguées, drainées, engraissent de grands troupeaux qui fournissent en abondance le laitage et la viande de boucherie.

Les constructions, elles aussi, se sont modifiées et développées. La ville s'agrandit et de tous côtés, s'élèvent des bâtiments neufs variés de forme et de destination.

Il fait un beau soleil de printemps, l'air est vif,

le ciel pur, une douce brise ride la surface de la rivière. La ville est gaie, pleine de vie et d'animation. Dans les rues les marchands causent sur le pas de leur porte, arrêtent les passants, les promeneurs, les questionnent; apprennent la nouvelle à ceux qui l'ignorent; des conciliabules se forment, chacun donne son avis; on discute. Ce sont des interrogations, des commentaires sans fin, et tout le monde se dirige vers les quais afin s'assurer par soi-même de l'exactitude de ce qu'il vient d'apprendre.

Une barque est détachée de la rive et, adroitement manœuvrée par un seul aviron, elle remonte le cours de la Vaone et se dirige vers les ruines du pont de pierres. Cette barque porte deux personnages ayant tous deux sur la tête la casquette galonnée des ingénieurs de l'État. Ils causent avec animation; de la rive, on ne peut entendre leurs paroles et chacun les interprète au gré de ses désirs.

Au milieu de la rivière et obstruant son cours, se dresse encore l'amas des débris de l'ancien pont; on a pu ménager à travers un étroit chenal, mais de chaque côté se montre un tas incohérent de pierres de toutes formes et de toutes dimensions que les eaux battent sans relâche.

La barque aborde, les deux ingénieurs prennent pied et se mettent à examiner l'état des piles; ils prennent des notes, montent, descendent au milieu des matériaux; les curieux qui couvrent les quais voudraient bien savoir ce que se disent les deux personnages. La question est très grave, très importante pour la ville. Si les piles sont assez bien conservées, si elles peuvent supporter la charge du nouveau pont, la reconstruction de ce pont sera non seulement peu dispendieuse, mais elle pourra être entreprise immédiatement, et promptement achevée. Si au contraire, les piles sont insuffisantes, il faut attendre les époques des basses eaux pour les reconstruire et se livrer à un travail long et coûteux.

Les ingénieurs ont fini leur examen; ils se dirigent vers la terre. Le préfet, le maire, sont prêts à recueillir leurs premières paroles, à connaître leurs impressions. Ils se bornent à prononcer quelques paroles et se retirent pour mettre leurs notes en ordre et préparer leur rapport.

Nous avons, en France, des traditions que rien ne peut modifier. Les événements ont beau se succéder, les gouvernements disparaître, les ministres changer, il est une chose immuable que se transmettent les générations : ce sont la routine et les conventions de pure forme.

Les deux ingénieurs, hommes compétents et habiles, auraient pu, séance tenante, émettre un avis, préparer en quelques jours leur projet, demander à la ville, qui les tenait prêts, les fonds nécessaires, et relever le pont en quatre ou cinq mois. Une telle marche eût été contraire à toutes les traditions administratives. Semblable idée leur serait venue, qu'ils auraient du reste été fort empêchés de la mettre à exécution.

Il fallait, pour se conformer aux règles en usage, qu'un rapport fût fait, envoyé au maire, soumis au conseil municipal, envoyé au préfet, soumis au conseil général, envoyé au ministre, soumis au conseil des ponts et chaussées, puis renvoyé au préfet, au maire, etc. Alors viendrait, sur place, un inspecteur général; nouveau rappport, avec toutes ses formalités, puis rédaction du projet, son approbation en suivant la même filière, et dépôt dudit projet dans un carton de l'administration centrale, d'où l'intervention des députés et sénateurs influents pourrait, seule, le faire sortir.

A ce moment se trouvait à Chavane un jeune ingénieur civil homme distingué, cherchant à se faire une situation. Enfant du pays, Narfel avait assisté à la chute du grand pont de pierre et avait pris part à toutes les discussions, contestations, polémiques soulevées par le projet de reconstruction de ce pont.

Il était au courant de la question, connaissant l'état des ruines de l'ancien pont, le parti qu'on pouvait tirer des piles, le moyen de les conserver et de les utiliser.

Il attendait l'occasion de mettre ses idées en lumière. Il crut le moment favorable et immédiatement entra en campagne. Sans attendre le rapport officiel des ingénieurs de l'État, il commença dès le lendemain, dans le *Progrès de Chavane* une série d'articles où il étudiait la question et la résolvait.

Les fondations des piles sont intactes, disait-il, les enrochements qui les protègent contre les affouillements n'ont été modifiés ni par l'effort des eaux, ni par l'effet de la chute du pont en 1870. Les piles ont elles-mêmes conservé leur aplomb et on ne peut constater sur leurs parements aucune fissure de quelqu'importance ; seuls les sommets sont ébranlés et disjoints, et doivent être reconstruits, mais la chose offre en somme peu d'intérêt, car le système de construction qu'il convient d'adopter pour le nouveau pont permet de réduire considérablement l'épaisseur du fût des piles.

Il en est de même des culées ; la partie inférieure pourrait être conservée, mais il y a avantage à la démolir pour diminuer le plus possible les saillies que ces culées forment sur les murs des quais et qui diminuent sans profit le débouché du pont.

Le chemin de hallage peut être supprimé, le hallage est à peu près nul ; les rares bateaux qui emploient encore ce mode de traction emprunteront, pour la traversée de la ville, le canal de dérivation.

Le lit de la rivière demande à être déblayé, rendu à ses conditions normales ; c'est là un travail facile à exécuter au moyen de griffes et d'une drague à vapeur.

Quant au pont lui-même, à sa structure proprement dite, trois solutions se présentent :

Construire un pont de pierre ;

— un pont de fonte ;

— un pont de fer forgé.

Un pont de pierre exige une réfection totale de l'œuvre; d'une part, son poids est considérable, les piles et culées actuelles deviendraient certainement alors insuffisantes et ne pourraient être conservées. D'autre part, malgré les précautions prises lors de la construction du pont détruit en 1870, ce pont avait un débouché trop restreint.

La naissance des arches, ayant été placée à la base des piles, donnait en réalité une largeur énorme à ces piles. Pour remédier à cet inconvénient, il eût fallu donner une flèche plus considérable aux arches, en relever la naissance et, par suite, exhausser la hauteur du tablier, ce qui entraînait l'exhaussement des voies adjacentes.

Condition mauvaise qui, dès le principe, suffisait pour faire repousser l'idée de la reconstruction d'un pont en pierre.

Un pont de fonte présente par la disposition de ses voussoirs successifs une grande analogie avec un pont de pierre. Il oblige donc à donner une grande épaisseur à la clef afin de conserver aux joints une surface en rapport avec la pression.

Le travail de l'arc formé de voussoirs de fonte s'opère comme celui d'un arc formé de voussoirs de pierre; par suite, ils exigent une flèche relativement considérable, nécessaire pour éviter tout glissement, toute flexion de l'arc.

La nécessité d'assurer la stabilité d'un pareil travail et d'éviter la funeste influence des vibrations sur

les textures du métal, impose à l'œuvre une masse
considérable et crée pour la maçonnerie des sujétions
onéreuses résultant de la reconstruction des piles et
des culées anciennes.

LE PONT DE FER est formé d'arcs que leur continuité
assimile à une pièce courbe reposant sur des appuis
invariables. La facilité avec laquelle un arc en fer
peut être rendu solidaire de son tympan, au moyen de
montants en tôle ou d'un simple treillis, le met dans
des conditions analogues à celles d'une véritable poutre
armée capable de résister à des efforts de flexion
considérable.

L'arc peut ainsi, sans faire rien perdre de la stabilité des fermes, voir réduire sa flèche et son épaisseur
à la clef.

La facilité d'entretoiser et de contreventer les
fermes d'une façon complète et rationnelle contribue à
assurer la stabilité du pont, sans obliger pour l'obtenir
à compter sur la masse même de l'œuvre, comme dans
les ponts en fonte où aucune pièce diagonale ni transversale n'établit de liaison entre les fermes successives.

La durée d'une ossature en fer n'est pas soumise
comme celle d'une ossature en fonte, à des causes de
destruction tenant à la nature même de la matière :
rupture, vices de fabrication, oxydation rapide. La longue expérience de l'emploi des ponts en fer n'a jusqu'à
présent indiqué, dans aucun cas, une transformation
moléculaire, dangereuse pour la solidité des pièces.

Enfin, en résumé, dans le cas particulier en question, l'emploi d'une ossature en fer permet de conserver et d'utiliser toutes les substructions existantes, d'entreprendre immédiatement les travaux puisque l'usine du Creuzot peut sans retard nous fournir les fers nécessaires sans être obligés à fondre des modèles spéciaux.

Quant à la dépense, elle ne dépasserait pas le montant de la part contributive imposée à la ville et au département dans le cas de construction d'un pont de pierre exécuté avec le concours de l'État, du département et de la ville.

Narfel était jeune, plein d'enthousiasme et d'ardeur; il était convaincu de l'excellence de la cause qu'il défendait; de l'idée qu'il préconisait; ce sont là d'excellentes conditions pour faire prévaloir son avis. Il fit pénétrer sa conviction dans l'esprit de ses compatriotes et un grand mouvement de l'opinion publique se manifesta en sa faveur.

Son entreprise, d'abord discutée sans raison, puis ensuite acceptée sans motif, car les arguments qu'il faisait valoir étaient trop techniques, trop spéciaux pour être compris de tous, est ensuite louée outre mesure et chacun prétend en avoir eu l'idée première.

Enfin, un beau jour, Narfel apprend que la ville et le département, renonçant à faire intervenir l'État dans leurs affaires, acceptent son projet et sont résolus à l'exécuter avec leurs seules ressources.

Narfel avait ses études prètes; il s'était préparé de

longue main ; il peut se mettre à l'œuvre sans perdre
un moment et sans attendre que les ingénieurs de
l'État, ses concurrents, aient reçu réponse à leur fameux rapport.

Utilisant les moyens perfectionnés que met à sa disposition l'industrie moderne, il déblaye le cours de

Fig. 71. — La drague à vapeur.

la rivière à l'aide d'une puissante drague à vapeur
(fig. 71). Cette drague, munie de griffes à mâchoires
(fig. 72), que fait manœuvrer une grue[1], est portée sur
un bateau à vapeur. Elle enlève les blocs de pierre et
les porte directement ensuite aux points désignés
pour la construction d'une nouvelle ligne de quais.

Pendant que s'exécutent ces premiers travaux, la

1. *Travaux publics en Amérique.* Malezieux.

structure métallique est mise au levage et déjà on peut apprécier ses dispositions générales.

Le pont (fig. 73) se compose de trois arches égales portées sur deux piles en rivière et sur deux culées

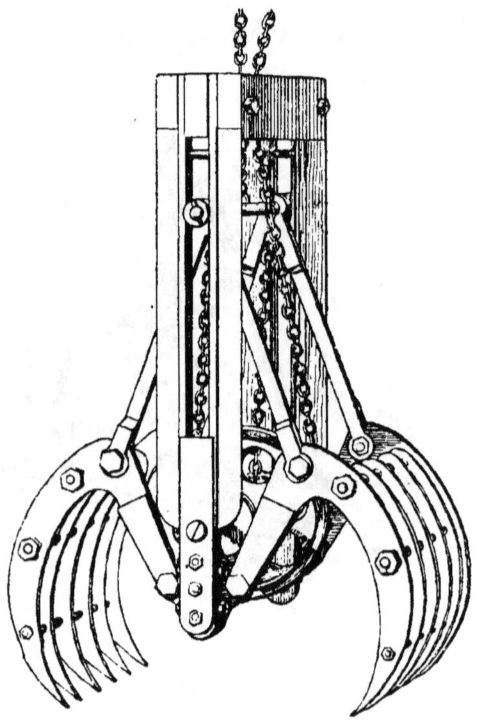

Fig. 72. — Les griffes à machoires

n'ayant que 1 mètre de saillie. La distance entre les murs des quais est toujours de 80 mètres, mais, par suite de la diminution de saillie des culées, le débouché du pont de fer est supérieur de 2 mètres à celui du pont de pierre et comme la naissance des arcs en fer est placée plus haut que celle des arcs en pierre, la section des piles est diminuée d'autant. Ces conditions, jointes aux vides laissés dans les tympans ajourés, assurent au pont un débouché considérable en cas d'inondations.

Un bandeau limite la partie conservée des piles, lesquelles, à l'avant et à l'arrière, se terminent par des becs circulaires.

Au-dessus du cône de couronnement, prennent naissance les fermes, et une corniche termine la partie supérieure. Des colonnes avec bases et chapiteaux rattachent le bandeau à la corniche et servent de point d'appui aux socles des appareils d'éclairage (fig. 74).

Le tablier du pont est horizontal, les voies pré

Fig. 75. — Tracé du pont de fer (arcs).

sentent une pente insignifiante, double avantage facilement obtenu par la réduction d'épaisseur de la clef et le peu de flèche laissé à l'arc.

La largeur du tablier est portée à 12 mètres, augmentation de $1^m,20$ obtenue sur la largeur du pont de pierre, par la substitution du garde-corps en fer au garde-corps en pierre.

Chaque arche est formée de sept fermes semblables, également espacées, entretoisées et contreventées fig. 75). et supportant le tablier du pont. Chaque ferme se compose d'un arc, d'un longeron et d'un tympan.

Cette disposition offre une analogie frappante avec

la combinaison des arcs en pierre du pont du moyen-

Fig. 74. — Détail des piles et arcs.

âge ; c'est le même principe mis en pratique au moyen
de matériaux différents.

L'arc a la forme générale d'un double T dont l'âme

serait saillante au delà de l'une des plates-bandes.

La section est calculée de façon à assurer au pont une parfaite rigidité ; les montants et armatures mettent ces arcs à l'abri de toute tendance au voilement et à la déformation.

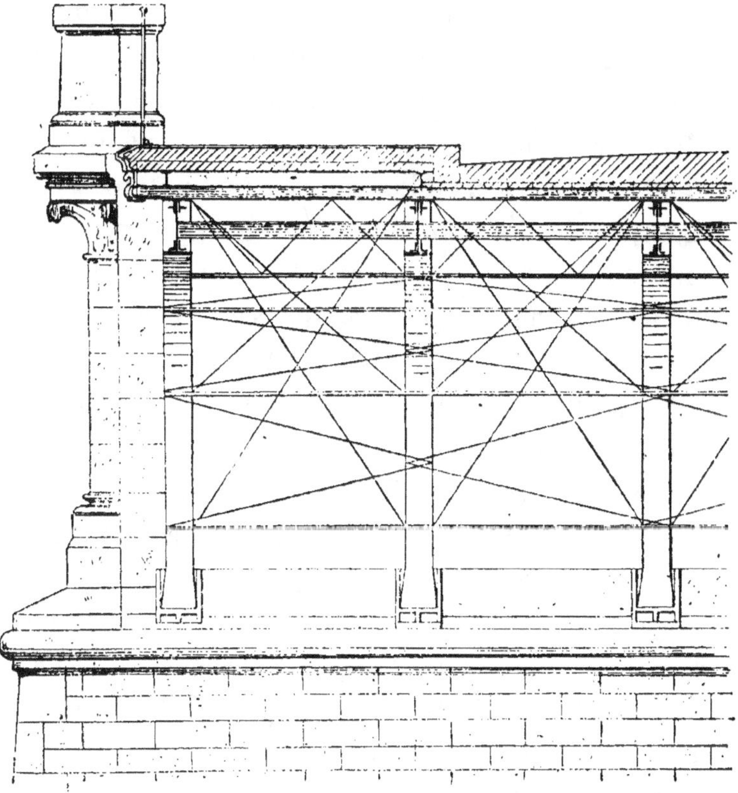

Fig. 75. — Coupe transversale du pont de fer.

Le longeron a la forme d'un fer à simple T ; il est composé d'une âme verticale et de deux rangs de cornières servant de semelles. Le longeron se confond à la clef avec l'anse de l'arc, en sorte que, tout en conservant ses semelles supérieures, l'épaisseur à la clef se trouve réduite sans que la section de l'arc le soit.

Le tympan est formé de montants qui transmettent à l'arc les efforts reçus directement par le longeron au passage d'une charge.

Un treillis régulier embrasse les deux pièces principales et soulage les montants ; il rend la ferme rigide et établit une parfaite solidarité entre les points successifs de l'arc et ceux du longeron. Toute flexion, toute déformation partielle de l'ossature à chaque croisement des pièces du tablier est ainsi rendue impossible.

L'ensemble du pont est entretoisé et contreventé au moyen de quatre systèmes différents de pièces parfaitement triangulaires et aboutissant à des points résistants de manière à assurer de la façon la plus complète l'invariabilité de la forme et de la position des différentes pièces.

Premier système. — Les pièces transversales fixées sous les arcs perpendiculairement à l'axe du pont sont destinées à empêcher le rapprochement des arcs.

Deuxième système. — Les zig-zags en fer spéciaux rivés sous les arcs aux points extrèmes des pièces précédentes sont destinées à s'opposer à l'écartement des arcs en agissant par résistance à la traction.

Troisième système. — Les croix de saint André transversales et verticales, perpendiculaires aux arcs et aux longrines forment entretoises et s'opposent à tout déversement.

Quatrième système. — Enfin, le tablier composé de fers spéciaux continus et boulonnés sur le longeron complètent le contreventement et l'entretoisement des parties supérieures du pont.

Le tablier comprend deux parties :

1° La voie charretière composée d'un empierrement régulier reposant sur un plancher en bois de chêne goudronné. Des gargouilles en fonte placées de distance en distance assurent l'écoulement direct des eaux;

2° Les trottoirs, de 2 mètres de largeur chacun, sont formés d'une couche d'asphalte reposant sur un lit de béton contenu, d'un côté, par la bordure en pierre, de l'autre, par la corniche en fonte sur laquelle repose le garde corps.

Le garde-corps est en fer forgé divisé en travées par des montants verticaux que des patins fixent aux poutrelles, une lisse inférieure et une main courante supérieure relient ces montants. Les intervalles sont remplis par des rinceaux en fer forgé.

Le principe admis pour la décoration des fermes a pour objet de laisser apparent tout le système de la construction. Les tympans des fermes sont, à toutes les intersections du treillis, ornés de petites rosaces saillantes découpées et raccordant les angles successifs.

Les abouts des poutrelles sont accusés par une corniche en fonte présentant des évidements et de fortes saillies portant ombre.

Enfin par ses enroulements et la richesse de son travail le garde-corps complète l'ensemble de l'œuvre.

Le pont achevé, on lui fait subir les épreuves nécessaires :

La charge morte par mètre courant est de :

Ossature métallique	2600^{k_s}	
Tablier en bois goudronné	850	
Bordure des trottoirs en pierre	185	6400 kilos.
Bitume des trottoirs	556	
Empierrement de la chaussée	2200	

La charge d'épreuve de 400 kilogs par mètre superficiel , soit par mètre courant : 12 mètres largeur du pont $\times$ le poids du mètre superficiel 400 kilos.) $=$ 4800 kilogs.

Total par mètre courant :   11 200 kilos.

La charge d'épreuve ne produit aucun mouvement, aucune dislocation dans l'ensemble de l'ouvrage.

Le pont supporte, avec un égal succès, la trépidation causée par les charges accidentelles et il est livré à la circulation, à la grande joie des habitants et à celle non moins grande de Narfel, très fier et très heureux de son succès.

Mais demandera-t-on peut-être et les ingénieurs de l'État?

Les ingénieurs de l'Etat avaient fait leur rapport, lequel rapport avait suivi les formalités habituelles et reposait tranquillement dans un des cartons du ministère des complications.

Il arriva toutefois, sur ces entrefaites, qu'un des ministres chargés de ce portefeuille se trouva doué d'une activité anormale, d'un louable désir de simplifier les choses et de les faire aboutir ; il dépouillait les dossiers, étudiait les affaires et ne supportait pas que leur instruction souffrît de retard. Il retrouve un beau jour le dossier du pont de Chavane et, vite envoie une dépèche au préfet lui annonçant que le rapport de l'ingénieur ordinaire, joint à celui de l'ingénieur en chef, joint à celui de l'inspecteur général, joint à l'avis du conseil des ponts et chaussées, va lui être transmis pour être communiqué au conseil général, au conseil d'arrondissement et au conseil municipal; qu'une fois ces formalités remplies, si aucune objection ne se présente, l'étude du projet pourra être commencée, suivant les bases indiquées dans les différentes pièces du dossier, lesquelles naturellement se contredisent quelque peu.

Le dossier arrive en effet après un peu de retard, et le préfet se fait un malin plaisir de répondre au ministre que le pont est construit et livré à la circulation; que la ville et le département ayant fait les fonds nécessaires à la dépense, l'intervention de l'État avait été jugée inutile.

Cette réponse eut sans doute fait entrer le ministre dans une violente colère; mais comme dans l'intervalle il avait perdu son portefeuille, son successeur, qui ne connaissait rien à l'affaire, et n'était pas possédé du même zèle, prit le dossier et le déposa dans le carton abandonné quelque temps auparavant.

XXI

Le pont de fer (poutre).

Un chemin de fer d'intérêt secondaire, destiné à relier le pied des Alpes à la grande ligne maîtresse de Paris à la Méditerranée, avait récemment été décidé. Cette ligne devait franchir la Vaone un peu au-dessous de Chavane et, par suite, l'établissement d'un second pont était devenu nécessaire. Le succès obtenu par Narfel lors la construction du pont jeté dans l'intérieur de la ville avait appelé l'attention sur lui ; il fut chargé des études et de la direction des travaux du nouveau pont.

Narfel se mit sans délai à la besogne.

Le programme imposé au nouveau pont est bien différent de celui que devait remplir le pont déjà construit. Il s'agit cette fois d'un pont placé en rase campagne, ne concourant en rien à l'ornement et à la décoration d'une ville et devant offrir des conditions de solidité exceptionnelles.

A l'endroit désigné pour l'établissement du pont, la rivière a 110 mètres de large ; à chaque crue elle inonde la campagne. La ligne du chemin de fer élève

donc considérablement le niveau de la voie et le tablier du pont se trouve à une grande hauteur au-
dessus de l'étiage des eaux.

Le fond de la Vaone est, dans cette partie formée
de vases, de terrains d'alluvion, n'offrant aucune résistance et rendant difficile l'établissement des fondations. Un siècle plus tôt, les difficultés de cette nature
eussent paru insurmontables, mais, de nos jours, elles
ne sontplus qu'un jeu pour l'industrie et le génie civil.

Les grands ponts à treillis d'Amérique, les fondations à air comprimé donnent de promptes et favorables solutions aux problèmes de ce genre.

Narfel connaît ces différents systèmes; il les a
étudiés et c'est à eux qu'il demande la solution du
programme qui lui est imposé.

Le mot poutre, en usage pour désigner certaines
catégories de ponts, s'entend d'un système de pièces
combinées de manière à transmettre aux piles et aux
culées d'un pont le poids des charges roulantes et
celui du pont lui-même, sans qu'il y ait finalement
d'action horizontale exercée sur ces appuis (*Travaux
publics en Amérique* Malezieux).

La rivière ayant une largeur de 110 mètres et le
tablier devant être élevé de 18 mètres au-dessus de
l'étiage, les piles seront très hautes et comme, en
même temps, les fondations en seront difficiles, il y
a par conséquent avantage à en réduire le nombre.
Une seule peut suffire. Elle aura 5 mètres de section
à la base et 10 mètres de long. Ces dimensions, à la
rigueur, pourraient être réduites; mais Narfel les

maintient par prudence. Les deux culées de rive feront chacune une saillie de 2^m,50 sur la rivière à laquelle il restera encore, après déduction de l'emplacement de la pile et des culées, un débouché de 100 mètres, jugé très suffisant.

La portée du pont sera ensuite divisée en deux travées de 50 mètres chacune.

Ces dispositions une fois arrêtées, on s'occupe de creuser les fondations en employant, comme il a été dit, le système des caissons à air comprimé.

Un caisson de 5 mètres sur 10 mètres fermé dans le haut, et ouvert à la partie inférieure, est plongé dans l'eau. La partie supérieure qui forme couvercle est percée de trois ouvertures circulaires, une au centre, de 1^m,50 de diamètre, deux latérales, de 1 mètre.

Deux tuyaux cylindriques en tôle fixés au bord s'élèvent au-dessus du niveau de l'eau et se terminent par une chambre dite écluse à air.

De l'ouverture du milieu part une cheminée qui traverse le caisson et aboutit au fond de la rivière (*Dictionnaire des arts et manufactures de Laboulaye*) (fig. 76).

Une machine installée au sommet de l'appareil refoule l'air par les tuyaux latéraux et fait retirer l'eau de l'intérieur du caisson tout en la maintenant dans le conduit central.

Le service des ouvriers se fait par la cheminée latérale au moyen des chambres à air.

Les ouvriers travaillent dans le caisson comme ils

le feraient à l'air libre. Ils piochent et poussent les débris, sables et terre, à portée des godets d'une noria logée dans la cheminée centrale et qui les remonte à l'extérieur.

La compression de l'air produit chez les ouvriers une sensation désagréable, tantôt dans une oreille, tantôt dans les deux, et cette sensation se prolonge jusqu'au moment où l'air introduit se trouve à la même pression dans les trompes d'Eustache (de l'arrière-bouche au tympan). Narfel indique à ses ouvriers qu'ils peuvent surmonter cette gêne en se bouchant les narines avec le pouce et l'index, et fermant la bouche

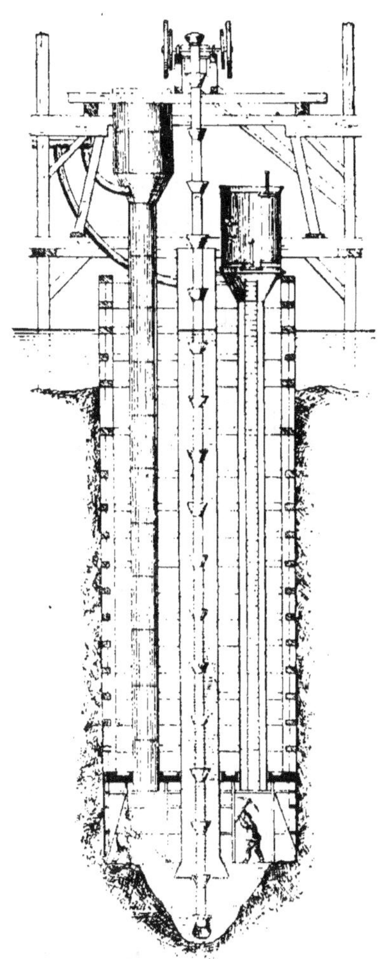

Fig. 76. — Fondation à air comprimé.

en gonflant les joues. Ces opérations, plusieurs fois répétées s'il le faut, distendent les trompes. Toutefois Narfel s'assure chaque jour, avant la descente des ouvriers, qu'aucun fait anormal, tel par exemple qu'un rhume de cerveau n'affecte ses ouvriers et n'emflamme leur gorge, car en pareil cas l'action de l'air comprimé peut briser le tympan.

Sur le caisson en tôle et le continuant jusqu'au dessus de l'eau, s'élève un caisson en bois à joints calfatés, revêtu d'une enveloppe de tôle. On coule, dans cette enveloppe, le béton qui forme la masse de la pile et fait progressivement enfoncer le caisson en tôle ; ce caisson une fois arrivé au sol résistant est à son tour rempli de béton ou de maçonnerie ordinaire.

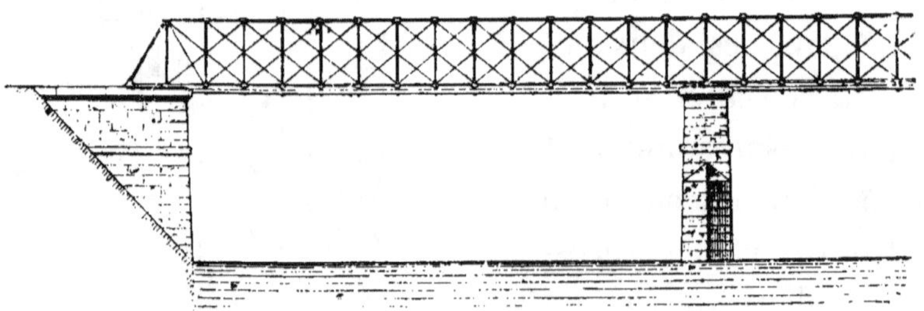

Fig. 77. — Pont poutre.

En dernier lieu, on enlève les cheminées et leurs tuyaux et on coule du béton dans les vides.

La maçonnerie s'exécute avec le plus grand soin, les précautions les plus minutieuses sont indispensables pour la construction des piles, dont la section est réduite à 4 mètres à leur sommet et qui montent à une grande hauteur.

Les culées ont été construites dans les mêmes conditions que les piles ; elles sont achevées à leur tour, et l'ossature métallique, une poutre à treillis rectangulaires avec montants verticaux, est à pied d'œuvre (fig. 77).

La construction est simple et ingénieuse (*Travaux publics en Amérique*, Malezieux).

Le système général se compose d'une semelle inférieure, d'une semelle supérieure, reliées par des montants verticaux et diagonaux.

La semelle inférieure travaille par extension; elle

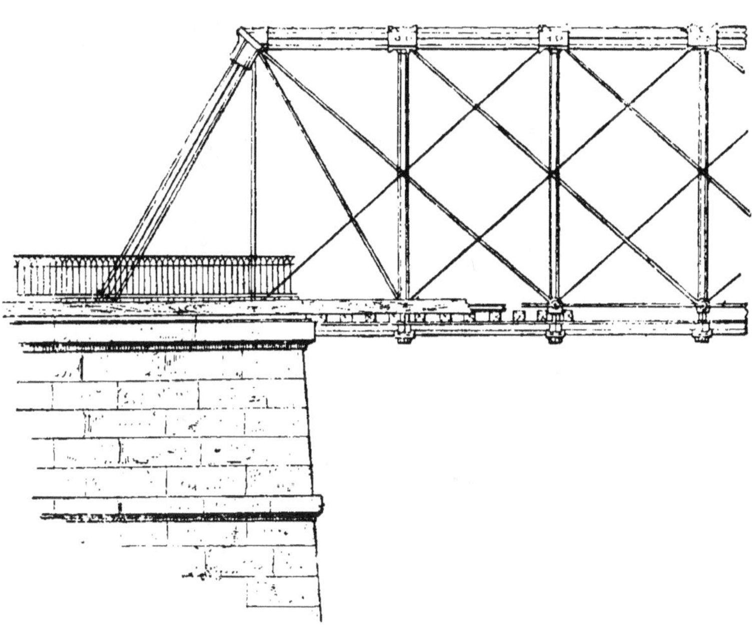

Fig. 78. — Une travée du pont poutre.

est en fer forgé, comme la semelle supérieure, elle se divise en tronçons articulés, dont les sections correspondent à celles de la semelle supérieure et servent de points de raccords aux montants rigides (fig. 78).

Les liens et contre-liens travaillent par extension; ce sont des barres de fer méplat terminées par des œils servant aux raccords ; en outre, les tirants et les contres-tirants en fer sont munis d'un pas de vis qui, après pose, permet d'en régler la tension et la longueur.

La pièce importante des assemblages est un goujon en acier qui reçoit et transmet dans tous les sens les efforts de compression des pièces rigides et les efforts de traction des autres. Ces divers liens sont légèrement mobiles et prennent ainsi, d'eux-mêmes, la direc-

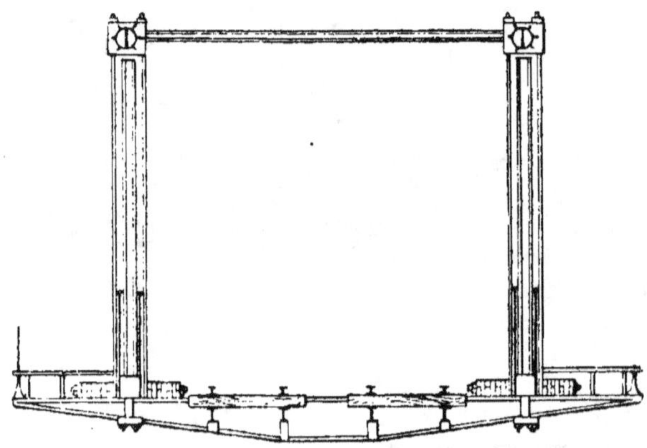

Fig. 79. — Coupe transversale du pont poutre.

tion la plus convenable à la transmission des efforts.

Ces goujons supportent également les pièces du tablier du pont placé au niveau des semelles inférieures ; un contreventement horizontal relie les deux semelles inférieures.

Comme complément des dispositions générales, le tablier déborde latéralement sur les semelles, et forme un tablier en encorbellement, converti en trottoir et servant au passage des piétons (fig. 79).

Le montage de ce pont, composé de pièces de petites dimensions, n'offrit aucune difficulté. Un échafaudage mobile, soutenu par des points d'appui provisoires élevés en rivière, permit l'assemblage et la pose des diverses parties.

Les travaux furent rapidement achevés et bientôt le pont, avec sa double voie, ses deux trottoirs latéraux servant de passerelle, relia les deux tronçons de la voie ferrée.

Le premier train du chemin de fer vient de traverser le pont à toute vapeur. Narfel suit de l'œil le long panache de fumée qui se perd dans la campagne. Le rude labeur qu'il vient d'accomplir n'est déjà plus qu'un souvenir auquel se reporte sa pensée; le résultat obtenu lui fait presque oublier les tracas, les préoccupations qu'il a eus à supporter. Il ne songe plus aux difficultés vaincues et ne veut penser qu'au succès.

Un grand besoin de calme et de repos s'est emparé de lui, sentiment bien connu de tous les créateurs, artistes, savants ou écrivains, quand l'œuvre à laquelle ils ont donné une forme est passée du domaine du rêve dans celui de la réalité.

Chavane est en fête; elle est pleine de bruit et de mouvement. Narfel, lui, a besoin de silence et de solitude; il veut se recueillir. Il suit les bords de la Vaone, s'éloigne et se sent tout heureux d'être isolé, de pouvoir jouir en paix du grand calme qui l'environne.

La rivière coule à ses pieds, lente, tranquille et comme endormie. Sa surface irisée par les derniers rayons du soleil s'éclaire de longues traînées de lumière; on la voit sortir d'épaisses touffes de verdure, suivre ses bords plats et bas, atteindre le premier pont dont elle semble caresser les piles, et, là bas, disparaître sous le haut tablier du pont du chemin de fer, dont la ligne, droite et sèche, cache l'horizon.

La ville semble baignée dans une buée lumineuse, les toits sombres de ses maisons, les hauts clochers de ses églises, la tour de l'hôtel de ville, les cheminées des usines découpent, dans le bleu du ciel, leur silhouette inégale et bizarre. Tout un côté de la ville est en pleine lumière ; il brille et resplendit. L'autre déjà dans l'ombre ; paraît triste et noir.

La campagne est gaie, animée, vivante de tout le mouvement d'un beau soir d'été quand, après le labeur du jour, chacun regagne son logis. Les troupeaux paissent toujours l'herbe de la grande prairie, et se désaltèrent dans la Vaone. Un pâtre les pousse devant lui en chantant ; sa voix traverse l'eau et arrive basse, étouffée. Des bateaux montent ou descendent la rivière ; les mariniers se saluent de grands cris au passage, et, de loin, apporté par l'eau, se fait entendre le vague murmure d'une musique militaire.

Narfel, concentré en lui-même, écoute, regarde ; une hallucination étrange s'empare de lui, rêve dans lequel il se complaît et qui le fait revivre dans le passé.

Ce rêve le transporte à travers les siècles : devant ses yeux passe la longue suite d'événements qui, depuis tant d'années, se sont déroulés sur les bords de la Vaone !

Il voit Naryx et Velha ; il voit le cours de la Vaatz

obstrué par les rochers ; il voit se dresser le premier pont de bois.

Jules César lance son cheval à travers les eaux de la Vaona. La Gaule est conquise et Caïus Nargus établit son camp, crée la grande voie romaine et construit le premier pont de pierre.

Les Barbares envahissent l'empire ; puis, aux siècles de troubles et de sang, succède une époque relativement calme et tranquille.

Gauchard part pour les croisades. Saint Benezet construit le second pont de pierre ; Narveul le transforme et Louis XI est cause de sa chute.

Voici le grand roi, voici Vauban et son pont monumental, si monumental qu'il ne peut se plier aux exigences modernes.

Puis vient le pont suspendu, détruit par une terrible catastrophe et, après lui, le pont de Perronet, avec le souvenir de tous les malheurs de la patrie.

Enfin, ses deux ponts, à lui, se dressent devant ses yeux, marquant un nouveau progrès dans les transformations successives d'une œuvre de l'esprit humain qui, lui, sans repos ni trève, poursuit sa marche à travers les siècles, sans laisser pressentir le moment où il s'arrêtera.

Les souvenirs de meurtres et de violences qui ont tant de fois fait couler le sang sur les bords de cette belle rivière s'effacent de l'esprit de Narfel. L'homme a pu faire disparaître les forêts immenses, remplacer les sites sauvages par de riches cultures ; la nature est restée la souveraine maîtresse et, sans souci des passions, des vices et des vertus de l'humanité, l'eau n'a pas cessé de couler, les arbres de porter des fruits et les plantes des fleurs ; et toujours, là haut, le soleil resplendit !

Un grand apaisement s'est fait soudain dans l'âme de Narfel, et doucement il se répète : Dieu seul est grand ! Ses œuvres seules sont immuables !

FIN

TABLE DES MATIÈRES

LES PONTS MODERNES

FIN DE LA TABLE DES CHAPITRES

8590. — IMPRIMERIE A. LAHURE
rue de Fleurus, 9, à Paris.

www.ingramcontent.com/pod-product-compliance
Lightning Source LLC
LaVergne TN
LVHW010940180726
843502LV00004B/1024